J 17307

RELATION DU VOYAGE

FAIT EN 1843-44,

EN GRÈCE ET DANS LE LEVANT,

PAR A. M. CHENAVARD, ARCHITECTE,

ET E. REY, PEINTRE,

PROFESSEURS A L'ÉCOLE ROYALE DES BEAUX-ARTS DE LYON,

ET J. M. DALGABIO, ARCHITECTE.

RELATION DU VOYAGE

FAIT EN 1843-44,

EN

GRÈCE ET DANS LE LEVANT,

PAR A. M. CHENAVARD, ARCHITECTE,

ET E. REY, PEINTRE,

PROFESSEURS A L'ÉCOLE ROYALE DES BEAUX-ARTS DE LYON,

ET J. M. DALGABIO, ARCHITECTE;

PAR

Ant. M. CHENAVARD.

LYON.

IMPRIMERIE DE LÉON BOITEL.

QUAI SAINT-ANTOINE, 36.

—

1846.

A MONSIEUR

BARTHÉLEMY VIGNON,

ARCHITECTE.

—

Mon cher Maitre,

Permettez-moi de placer votre nom à la tête de la relation de mon *Voyage en Grèce et dans le Levant*.

C'est un hommage que je vous dois. Vos doctes leçons m'ont servi de guide. Instruit par elles, j'ai recherché, avec une ardeur égale, et les restes des monuments, et les lieux empreints des grands souvenirs.

Puisse mon court récit mériter votre bienveillant intérêt! Je vous prie de l'agréer comme un témoignage de ma gratitude et de mon respectueux attachement.

A. Chenavard.

Lyon, le 28 février 1846.

RELATION DU VOYAGE

FAIT EN 1843-44,

EN GRÈCE ET DANS LE LEVANT.

RELATION DU VOYAGE

FAIT, EN 1843-44,

EN GRÈCE ET DANS LE LEVANT,

PAR A. M. CHENAVARD, ARCHITECTE,

ET E. REY, PEINTRE,

PROFESSEURS A L'ÉCOLE ROYALE DES BEAUX-ARTS DE LYON,

ET J. M. DALGABIO, ARCHITECTE,

PAR

ANT. M. CHENAVARD.

I.

Départ pour la Grèce. — Malte. — Arrivée à Athènes. — Voyage de Tyrinthe, Mycènes, Argos, Eleusis. — Le mont Pentélique, Thoricos, — Sunium. — Révolution de la Grèce.

Ce n'était point assez pour nous d'avoir médité sur les monuments des arts, objets de nos constantes études; nous voulions les connaître en réalité et les examiner par nous-même. L'analyse que chacun de nous avait pu faire des monuments romains, ne lui suffisait plus; nous voulions remonter à la source où ont puisé les artistes de Rome et comparer les arts de cette cité avec ceux de leur mère-patrie.

Nous entreprîmes donc, en l'année 1843, le voyage de la Grèce dans l'espoir d'ajouter aux connaissances puisées dans les livres l'expérience que donne la vue des monuments eux-mêmes.

Si nous n'eussions consulté que la tendance des artistes des nouvelles écoles vers les doctrines nouvelles, et le peu de faveur dont jouissent les arts de la Grèce, nous nous serions abstenus d'aller au loin chercher des inspirations qui peut-être intéresseraient peu les gens du monde, et nous livrer à des travaux dont nous ne serions dédommagés par aucune satisfaction extérieure; mais les arts des Grecs ne nous ont jamais semblé devoir être jugés par les sectateurs de la mode; ils dominent toutes les époques, ils peuvent être comprimés par la barbarie; des portiques superbes ont pu servir aux plus vils usages, des statues être deshonorées par des mutilations, mais tant qu'il en restera quelques parcelles, le flambeau des arts ne sera pas éteint, leurs ruines instruiront les nations qui viendront les consulter. Nous avons cru que, différents des sciences, les arts avaient leur apogée, et qu'ils l'avaient atteint chez les Grecs, que dégénérés et corrompus aux époques d'invasion des peuples barbares, ils avaient bien pu, à la faveur de quelques formes nouvelles, prendre rang sous des noms dont l'archéologie moderne a chargé son discordant vocabulaire, mais qu'ils ne sauraient obscurcir l'art antique, encore moins l'éclipser.

Pleins de ces idées, nous nous embarquâmes à Marseille le 1ᵉʳ septembre 1843, sur le vaisseau de l'Etat le *Rhamsès*; après avoir touché à Livourne, à Civita-Vecchia, à Naples, et passé par le détroit de Messine, nous arrivâmes à l'île de Malte le 7 suivant. La ville de Valette, sa capitale, se déploie en amphithéâtre autour de son vaste port. Les palais dont les rues et les places sont bordées annoncent une ville princière, ils attestent la fortune et le rang des chevaliers qui l'ont si long-temps habitée. Mais qui pourrait exprimer la surprise et l'admiration que fait éprouver l'intérieur de sa cathédrale, somptueux par la richesse des marbres et l'éclat de l'or; religieux par la sévère ordonnance de ses arcs et de ses voûtes? Quelles pensées profondes fait naître la vue de ces pierres tumulaires qui forment le pavé des nefs, véritables tableaux où brillent en marqueterie des plus vives couleurs, les armes de la famille de chacun des chevaliers que cette pierre recouvre! Jamais les siècles héroïques ne laissèrent de plus grands souvenirs, et jamais la mort n'obtint de plus magnifiques trophées. Ce pavé est couvert de noms français qui annoncent aux voyageurs que cette île a été l'une des plus belles possessions de notre patrie, aujourd'hui sous des dominateurs à la vue desquels tout sang français s'émeut de courroux.

Le lendemain, ayant changé de navire, nous continuâmes sur le *Tancrède* notre route vers Athènes. Après trois jours de navigation s'offre à nos yeux la longue chaîne du Taygette, le cap Ténare, l'île de Cythère bordée de rochers. Déjà nous étions sous le beau ciel de la Grèce, nous approchions du terme tant desiré, et cependant nous ne pouvions nous défendre de quelque mélancolie en voyant les côtes de la Loconie stériles et désertes. Ont-elles toujours apparu ainsi? Non, ces lieux portent l'empreinte de la dévastation et de la mort, les Turcs y ont régné, et une guerre exterminatrice a achevé l'œuvre de l'oppression. Parfois, pour nous retirer de nos tristes pensées, nous examinions ce qui se passait sur notre bord. Parmi les voyageurs, était un Père de la Terre-Sainte, en costume de religieux, à longue barbe, Génois de naissance, et qui avait été envoyé par les gardiens du saint Sépulcre pour solliciter du roi des Français des secours et sa protection contre les persécutions dont ils étaient l'objet de la part des Musulmans. Mais, hélas! il n'en rapportait que des espérances et des paroles de paix. Le père Jean-Baptiste, c'est ainsi qu'il se nommait, n'était point supérieur de l'Ordre, il n'avait aucune charge, et comme il le disait lui-même, il n'était rien, mais ses frères l'employaient dans toutes les négociations qui intéressaient leur communauté ; il avait un esprit cultivé, des manières polies et distinguées, un bel extérieur et l'une des plus heureuses physionomies que l'on pût rencontrer. Un tel modèle était une bonne fortune pour M. Rey qui, pendant qu'il conversait, prit ses crayons. Cette attention n'échappa pas à l'œil vif du Père, qui feignit de ne pas s'en apercevoir, continua sa conversation et donna à notre peintre le temps de terminer son ouvrage.

Nous devons mentionner M. le baron et Mme la baronne Duhavelt, qui se rendaient avec lui dans la Terre-Sainte; nous ne pensions pas en nous séparant à Syra, qu'après avoir parcouru, eux la Syrie, nous la Grèce et l'Asie-Mineure, nous nous retrouverions sur le Nil, que nous courrions la même fortune jusqu'à Patras où se fit une seconde séparation, et que nous nous rencontrerions enfin à Lyon, sur le bateau à vapeur, se dirigeant vers Paris.

Une liaison affectueuse s'était formée entre nous. La baronne Duhavelt cultivait les arts, son mari les aimait et s'en entretenait avec plaisir. Le 12 du même mois, nous abordâmes à l'île de Syra, où nous fûmes reçus à bord d'un vaisseau autrichien.

Après avoir navigué la nuit entière sur le golfe Saronique, et passé en vue du cap Sunium, de l'île d'Egine, de Phalère, de Munichie, nous entrâmes dans le port du Pirée, que Thémistocle avait réuni à la ville d'Athènes par des murs formés de grands blocs dont on voit encore les nombreux restes où l'on peut admirer la régularité de l'œuvre et la perfection du ciseau. Déjà nous voyions l'Acropole et nous distinguions les Propylées et le temple de Minerve. La chaîne du mont Hymète au midi, celle du Parnès au nord, le Licabet, le Pentélique à l'orient, forment le bassin au milieu duquel Athènes est située. Pour y arriver, on traverse des champs d'oliviers demeurés vastes encore malgré les ravages de la dernière guerre.

Athènes est une ville nouvelle; l'ancienne a été détruite dans la guerre où les Grecs, au prix de leur sang, ont conquis leur indépendance. Elle est partagée par les larges rues d'Hermès, d'Eole, de Minerve. On y remarque le palais de l'Université dans lequel l'auteur a fait preuve d'un talent formé par l'étude des monuments de la Grèce, des églises de petite proportion, mais dont la disposition intérieure et la forme extérieure qui en est le résultat, sont aussi constantes que la forme du culte à l'exercice duquel elles sont consacrées. Uniformité sage, conforme à la raison, au bon goût, tradition des arts des anciens Grecs et de ceux de Rome, où les formes affectées aux édifices consacrés à la divinité dans les temples, aux plaisirs du chant et de la poésie dans les théâtres, aux exercices du corps dans les thermes et les gymnases, avaient des formes constamment semblables ; et c'est parce qu'il en était ainsi que nous pouvons reconnaître chez les Grecs et chez les Romains l'espèce de monument auquel ont appartenu les fragments qui ont échappé à une totale destruction.

Nos premiers pas se dirigèrent vers l'Acropole ; c'est avec un sentiment religieux que les vrais admirateurs de l'antiquité s'approchent de cette enceinte qui renferme tant de précieux monuments aux formes majestueuses et pures, riches par leur matière, admirables par leur exécution. D'abord les Propylées, magnifique entrée de la citadelle, précédés eux-mêmes de deux autres monuments qui en appuyent les ailes; d'un côté, la Pinacotheca, édifice jadis orné de peintures historiques par Polygnote; près de lui, le piédestal qui portait la statue équestre d'Agrippa; de l'autre côté, le temple de la Victoire sans ailes, monument ionique élevé sur le lieu même d'où se précipita Égée, à la vue de la voile noire fatalement laissée au vaisseau qui ramenait son fils.

Au-delà des Propylées apparaît le Parthénon, de grandeur colossale, merveille de l'art où l'on admire les proportions harmonieuses des parties entre elles, la simplicité noble des formes, la beauté de la statuaire, la richesse et l'élégance de la peinture, dont quelques traces sont conservées. Ce monument, malgré l'explosion des poudres et la spoliation des Anglais, est encore demeuré l'un des plus entiers qui se voient sur le sol de la Grèce. Si l'explosion a renversé les murs de la Cella, elle n'a pas atteint les colonnes des deux façades et un grand nombre des colonnes latérales. Le fronton occidental est debout; deux statues, bien que mutilées, existent encore dans ce fronton ; elles font juger de l'effet que devait produire ce tableau composé de statues, et dont nous jouirions encore, si elles n'avaient suivi les bas-reliefs de la frise et l'une des cariatides du Pandrosium dans le musée de Londres. En échange, les auteurs de ces spoliations ont laissé un massif de pierre pour suppléer une statue, une tour carrée en moëllons surmontée d'un cadran, et une église gothique, étrange conception de ces Scandinaves à Athènes, en face du Parthénon.

Passant de l'examen des formes à l'étude de l'exécution, avec quelle surprise ne s'aperçoit-on pas que l'œil peut à peine suivre la ligne de jonction des blocs entre eux; et lorsque, par le renversement des colonnes, on reconnaît que la surface des tambours a été dressée et la planimétrie des lits obtenue par le frottement de l'un sur l'autre, lorsqu'appliquant l'instrument à plomb, sur la hauteur de la colonne, on voit que, pour obtenir la plus grande stabilité possible, on leur a donné un talus plus fort à l'extérieur qu'à l'intérieur du portique; que, pour augmenter la force des angles du péristère, on a donné aux quatre colonnes angulaires un diamètre plus grand qu'aux colonnes intermédiaires, afin aussi de rendre à l'apparence de leur volume ce que leur isolement aux extrémités des ailes devait leur faire perdre.

Mais quelle a été l'intention des auteurs de ce monument en donnant aux marches qui forment le soubassement des colonnes et à l'entablement qui les surmonte, une courbure sensible à un œil attentif et exercé, particularité que nous avons également remarquée au temple de Thésée, de sorte que les quatre angles, dans l'un et l'autre édifice, s'abaissent et que les quatre points intermédiaires s'élèvent en suivant une insensible progression; la solution de cette question nous révélerait peut-être la connaissance de quelque profonde théorie qui ne nous est pas parvenue.

Hors de l'Acropole qui renferme de plus le temple d'Erechthée et une quantité considérable de fragments d'architecture, de statues, de bas-reliefs, d'ornements, d'inscriptions, de tombeaux, sont les autres monuments recueillis par Stuart, et avant lui par Leroy, tels que le monument choragique de Lysicrates, dont nous devons mentionner l'architrave et la frise faites d'un seul bloc dans tout leur développement circulaire, disposition favorable à laquelle on doit en grande partie sa conservation ; le monument choragique de Thrasyllus, dont les inscriptions, les frises, les chapiteaux sont renversés au pied de la grotte dont ils formaient l'entrée. Une statue surmontait cet édifice, elle figure au musée de Londres, à côté des bas-reliefs du Parthénon ; vanité de posséder, plus funeste à l'art que la barbarie des Turcs.

Espérons que les villes qui jouissent de semblables richesses s'opposeront enfin à ce vandalisme, et déjà le gouvernement grec fait exercer la plus active surveillance sur les curieux étrangers, et notamment sur ceux de la nation britannique. Il est secondé d'ailleurs par les Grecs, ce peuple éminemment intelligent qui connaît le prix des trésors qui se rattachent à l'histoire de son pays.

Nous n'entrerons ici dans aucun détail sur les autres monuments que nous avons étudiés : la tour des Vents, si remarquable par sa poésie ; l'entrée de l'Agora, le temple de Thésée encore intact dans son ensemble, la tribune où a parlé Démosthènes sur le Pnix, la colline de l'Aréopage, sur laquelle étaient des siéges de marbre, placés aujourd'hui auprès du portique du temple de Thésée, la fontaine Callirhoë qui, dépouillée de tout le prestige qui peut flatter l'imagination, n'est plus qu'un amas d'eau impure dans le creux d'un rocher, au milieu du lit desséché de l'Illissus ; le Stade, situé sur la rive gauche de ce fleuve, et auquel on parvenait par un pont à trois arches dont on retrouve les deux piles extrêmes et les substructions des deux piles intermédiaires ; les monuments de l'époque romaine, tels que le théâtre d'Hérodes Atticus, le temple de Jupiter Olympien, et l'arc portant la double inscription où sont les noms de Thésée et d'Hadrien ; les restes du Stoa, où se réunissaient les philosophes dont la secte avait pris le nom ; le monument honorifique élevé à Philopapus sur la colline du Musée, et les restes du gymnase de Ptolémée. Tous ces précieux débris de l'antique Athènes ont été mis sous la sauve-garde de M. Pittakys, que son amour pour les arts et ses profondes connaissances en archéologie ont dû placer à ce poste honorable.

Qu'il nous soit permis de payer ici notre tribut de reconnaissance à ce savant, aussi modeste qu'éclairé. Que d'observations délicates nous auraient échappé dans nos visites aux monuments de l'Acropole, s'il ne nous eût initié aux connaissances que de longues méditations lui avaient acquises! pouvions-nous, d'ailleurs, n'être pas flattés d'un accueil auquel il se livre toujours d'autant plus volontiers quand il s'adresse à des Français; car, enfin, il nous est doux de le dire, il y a sympathie entre la nation grecque et la nôtre, nous l'avons éprouvé partout et auprès de toutes les classes de ce peuple ami, le nom de Français est un titre à leur affection. Nous lui devons en partie l'accueil que nous avons reçu de M. Typaldos, bibliothécaire de la ville, de son second, M. Apostolidis, et leur empressement à nous fournir les renseignements dont nous avions besoin. Le crédit dont jouit auprès des Grecs notre ministre plénipotentiaire, M. Piscatori, est le résultat de sa nationalité et de son dévouement à la cause des Grecs pendant leur sanglante guerre contre leurs oppresseurs; toujours disposé à être utile à ceux de sa patrie, le moindre intérêt qui les touche trouve sa place parmi les soins et les intérêts généraux qui l'occupent. Enfin nous avons eu pour nous mettre sur la voie de nos explorations les conseils et l'assistance amicale et empressée de notre compatriote, M. Couchaud, architecte résidant à Athènes, qui, sachant notre voyage, était venu à notre rencontre au Pirée. Nous avons trouvé dans l'intérieur de sa famille tout le charme d'une confraternité bien précieuse dans un tel éloignement, et les marques obligeantes du souvenir qu'il a bien voulu conserver de nos anciennes relations.

Un vaisseau partait pour Nauplie, nous en profitâmes pour visiter Tyrinthe, Mycènes et Argos. L'Acropole de Tyrinthe est encore ceinte de ses murs cyclopéens; là se voient des tours, des galeries pratiquées dans l'épaisseur des murs, couvertes par des blocs posés horizontalement et en encorbeillement les uns au dessus des autres. Mycènes, d'une importance historique plus grande, se reconnaît aux murs cyclopéens qui entourent son acropole, et à sa Porte des Lions, du style primitif de la sculpture grecque, où se trouve la justesse des grandeurs respectives unie à une raideur de forme qui rappelle la sculpture des Egyptiens. Mais l'édifice le plus important est le tombeau d'Agamemnon, nommé aussi trésor des Atrides. Ce vaste monument construit dans les flancs de la montagne est circulaire et de forme conique. La voûte est formée, ainsi que la galerie des murs de Tyrinthe, par des assises posées en encorbeillement, en sorte que tous leurs lits sont horizontaux.

Le linteau de la porte offre des dimensions qui

méritent d'être rapportées. Sa longueur est de 8 mètres 15 centimètres, sa largeur est de 6 mètr. 50 c., et son épaisseur est de 1 m. 22 c., sa pesanteur ne peut être moindre de 168684 kilogrammes.

On peut apprécier par là l'état des connaissances mécaniques chez les Grecs à l'époque de cette construction. Sans ces antiques témoins, cette opulente Mycènes aurait entièrement disparu. Des terres incultes, des monts arides, occupent le sol où elle a existé; quelques pâtres, des chiens féroces, sont les seules rencontres que l'on fasse dans ce désert.

Argos n'est qu'à quelques milles de Mycènes. Bien que son aspect soit celui d'un village, que ses maisons soient la plupart en terre, elle a quelque importance dans la Grèce moderne, puisque les députés s'y réunissaient au temps de la présidence de Capo d'Istrias. Son théâtre antique, adossé à l'Acropole, est taillé dans le roc. Non loin sont les restes d'une construction romaine en briques qui paraît avoir fait partie de quelque therme.

Le temple de Cérès, à Eleusis, a été l'objet de nos recherches; il ne reste de ce monument célèbre que bien peu de traces; toutefois on reconnaît le périmètre du temple par ses substructions taillées dans le roc, et les propylées de son enceinte par de nombreux fragments de colonnes et d'entablements en marbre.

D'Eleusis, nous rentrâmes à Athènes, en suivant la voie sacrée. Lorsque l'on voit ces lieux jadis embellis par la verdure des oliviers, si brillants par l'éclat des pompes religieuses, aujourd'hui déserts et brûlés par un soleil ardent, on éprouve un sentiment de profonde tristesse.

D'Athènes, nous nous dirigeâmes vers le mont Pentélique; ses carrières ont fourni le marbre dont furent construits tous les grands monuments, et l'on y voit encore des blocs ébauchés de forme circulaire, qui avaient été destinés dans ces temps anciens à former des tambours de colonne.

Nous avons remarqué, dans le rocher, au bord de la voie, un trou de 25 centimètres de largeur sur 35 centimètres de profondeur, qui paraît avoir servi à fixer quelque partie des agrès employés à tirer des profondeurs de la carrière ou à faire glisser sur la pente du mont les blocs qu'on en avait extraits. On aime à rencontrer ces traces des moyens qu'employaient les Anciens pour l'exécution de leurs grands travaux. Quand l'œuvre est achevée, l'art se montre seul, l'homme s'efface, le monument nous semble être le produit instantané d'une divine création; mais, dans les traces de son exécution, l'homme paraît tout entier, tantôt luttant avec ses seules forces contre les difficultés, tantôt y suppléant par d'ingénieuses combinaisons de forces empruntées. On croit y assister soi-même, l'esprit franchit sans peine les deux et trois mille ans qui nous en séparent. Ici nous voyons un sillon creusé dans le roc, c'est le passage des chars ; là, c'est le pic qui a laissé sur la surface du rocher des incisions aussi vives que si elles étaient de la veille ; là encore, des blocs préparés n'ont point été achevés, ils ont été abandonnés parce que leurs dimensions étaient insuffisantes, ou parce qu'on leur a reconnu quelque vice de contexture qui les a fait rejetter.

Après avoir péniblement gravi jusqu'au sommet du mont Pentélique, nous découvrîmes la mer d'Egine, le cap Sunium, la pointe méridionale de l'Eubée et la plaine de Marathon. Cette plaine est située à l'entrée du détroit de l'Eubée ; son rivage a la forme d'une anse, c'est là qu'abordèrent les Perses. Au pied des montagnes qui la ferment à l'occident, est le bourg de Marathon ; entre ce bourg et la mer est un vaste tombeau en terre élevé sur les corps des guerriers morts dans ce combat célèbre.

Au sud-est d'Athènes est le cap Sunium, auquel les restes du temple de Minerve ont fait donner le nom de Cap-Colonne.

Nous partîmes d'Athènes sur des montures pour aller visiter ce monument. Dans notre route, nous passâmes par l'ancienne ville de Thoricos. Son emplacement est marqué par les ruines d'un portique et par les restes d'un théâtre dont l'hémicycle a la forme allongée d'une ellipse, courbure inusitée dans les théâtres, et qui nous fait connaître que les Grecs savaient la varier suivant la disposition naturelle du sol où ils devaient les asseoir.

Après avoir suivi les flancs sinueux de la chaîne du Laurium, on arrive au promontoire Sunium; sur son plus haut sommet s'élève le temple de Minerve. C'est de ce lieu que Platon entretenait ses disciples d'un Dieu unique et de la création de l'univers. Et quel lieu était plus capable de lui inspirer ses sublimes pensées ! un ciel admirable, une mer sans bornes, semée d'îles habitées par des populations heureuses, un temple, dont les formes nobles et pures entraient harmonieusement dans le magnifique tableau qui se déroulait à sa vue.

Il ne reste aujourd'hui de ce temple que douze colonnes qui sont rongées par les vapeurs salines de la mer ; il était entouré d'une enceinte dans laquelle on entrait en passant par des propylées dont les ruines se remarquent encore. Non loin du cap, on voit l'île ou plutôt le rocher de Patrocle, et l'île où Paris, ravisseur d'Hélène, vint aborder, où il s'unit à elle pour la première fois.

Pendant ces explorations, la révolution de la Grèce se préparait, elle était près d'éclater. Dans la nuit du 14 au 15 septembre, des bruits tumultueux nous réveillent, nous en demandons avec inquiétude le sujet ; les Grecs, nous dit-on, font leur révolution. Le peuple en armes était rassemblé autour du palais du roi, les canons étaient braqués contre ses portes, les canoniers n'attendaient que le signal. Quelles pouvaient être les suites de ces démonstrations? et si les troupes eussent opposé de la résistance, quel aurait été le sort des étrangers qu'aucune marque distinctive ne pouvait empêcher de confondre avec des Bavarois, objets de la faveur du roi, et devenus odieux aux Grecs? Un des chefs de la révolution, Calergi, nous apparut à cheval entouré du peuple qui le saluait par ses acclamations; il tenait une couronne qui lui avait été décernée. Ainsi ces usages des temps antiques semblent être inhérents au génie du peuple grec.

L'orage grandissait. Dans toute la Grèce les populations étaient attentives au signal que devait donner Athènes, afin d'accourir en armes, si la révolution éprouvait de la résistance. Déjà les peuplades voisines se rendaient à la capitale vêtues de leurs manteaux à longs poils, armées et dans une attitude sombre et résolue. Toute la ville attendait dans l'anxiété la fin de cette journée qui devait voir ou l'accord s'établir entre le gouvernement et le peuple, ou le sang couler à flots. Mais la défection fut complète du côté du roi, les bases d'une constitution lui furent présentées, il les signa, et l'on vit la joie renaître dans la ville, et l'on entendit le peuple saluer le roi de ses acclamations.

Telle fut l'œuvre d'une seule journée; toutefois, les flots de cette mer agitée ne pouvaient au loin se calmer si promptement, et nous ne pouvions, sans courir quelques dangers, nous éloigner d'Athènes pour visiter les pays situés au nord; nous déplorions ce contre-temps à notre voyage, et nous regrettions d'être venus assister à une révolution où nous n'avions que faire et qui devait peut-être nous obliger à monter sur le premier vaisseau qui ferait voile pour la France.

II.

Voyage au nord de la Grèce. — Thèbes. — Lebadée. — L'antre de Trophonius. — Chéronée. — Delphes. — Le Parnasse. — Aracova. — Les Thermopyles. — Lamia. — Chalcis. — Le port d'Aulide. — Retour à Athènes.

Peu de jours s'étaient écoulés depuis cette mémorable journée; nous étions irrésolus sur le parti que nous devions prendre, combattus à la fois par la crainte des dangers que nous avions à courir en nous éloignant d'Athènes et par la douloureuse pensée d'emporter dans nos foyers des regrets désormais inutiles, lorsqu'on vint nous annoncer que le nouveau gouverneur des provinces du nord, M. Constantin Douca, partait ce jour même pour se rendre à Lamia, situé sur la frontière de Thessalie. On nous engagea à faire route avec lui, pour que, placés sous sa sauve-garde, nous n'eussions rien à craindre. La demande que nous lui en fîmes fut accueillie; nous nous hatâmes donc de faire nos préparatifs de départ. M. Dalgabio, retenu par plusieurs importants sujets d'étude, et notamment celle du temple de la Victoire sans ailes, se détermina à attendre notre retour à Athènes; M. Rey et moi nous nous en séparâmes, en regrettant son concours dans les explorations que nous allions entreprendre. Munis d'un guide, d'une couverture, meuble indispensable, et de quelques comestibles, nous partîmes d'Athènes dans l'après-midi du 22 septembre.

Le gouverneur était un ancien chef de Palicares, qui avait combattu dans les dernières guerres, il avait une stature peu élevée mais forte, et une voix de stentor. L'énergie de son caractère, sa réputation militaire et l'ascendant de sa parole sur le peuple l'avaient fait choisir pour ce poste difficile; il était accompagné de son secrétaire. Un employé supérieur de l'administration des tabacs, M. Bréban, envoyé par le gouvernement français pour connaître l'état de leur culture dans le Levant, voyageait, ainsi que nous, sous l'égide du gouverneur.

Après avoir passé par Eleusis et traversé la chaîne du Citéron, nous entrâmes dans les champs de Platée, village en ruines, arrosés par l'Asopus; nous traversâmes ce fleuve à l'endroit où le général des Perses, Mardonius, avait établi son camp sur la rive gauche.

Cette vaste plaine est fermée à l'occident par

l'Hélicon, au pied duquel Leuctres est situé; plus loin, au nord, est Thèbes; le Parnasse couvert de neige forme le dernier plan du tableau. Le soleil levant produisait sur ces monts des effets que nulle description ne saurait rendre, et dont nos Alpes, dans leurs plus magiques aspects, n'offrent qu'une image décolorée. Avides de recueillir le souvenir de ces lieux où s'attachent l'intérêt de l'histoire et des temps fabuleux, nous voyagions le carnet à la main ; car nous sentions que chaque pas nous en éloignait sans espoir de retour.

En entrant à Thèbes, le voyageur cherche avec empressement quelques traces de monuments qui rappellent les poètes, les héros et les demi-dieux qui l'ont illustrée; mais elles ont disparu, et la patrie d'Hercule, d'Epaminondas et de Pindare, n'est plus qu'un bourg moderne construit sur l'acropole de l'ancienne ville. Parmi quelques débris épars qui s'y voient encore, sont plusieurs chapiteaux ioniques et corinthiens en marbre, et les restes d'une stelle représentant un quadrige de la plus belle époque de l'art. Ces fragments existent dans une salle où se réunissent les enfants de Thèbes, sous un instituteur qui leur donne l'instruction première par le mode de l'enseignement mutuel, tel qu'il se pratique dans nos écoles en France.

Quelques parties des murs qui formaient l'enceinte de l'acropole se remarquent encore, mais il faut les chercher au niveau du sol et parmi les décombres.

Il ne reste plus aucune trace des sept portes qui se voyaient au temps de Pausanias. L'une d'elles, nommée Crénéa, à cause de la fontaine de Dircé qui en était voisine, se trouvait peut-être auprès de la fontaine dont les Turcs ont formé une suite de onze jets qui tombent dans autant de bassins, près de l'église Saint-Isidore, où l'on remarque quelques fragments d'ornements en marbre, de l'époque du bas empire grec.

On conserve, dans une petite église en ruine les tombeau de saint Luc, mutilé par les Turcs. Les Grecs ont pour ce tombeau une dévotion particulière, ils y apportent pour offrande des couronnes, de petits cierges allumés et de l'encens.

Nous partîmes de Thèbes, et passant près du bourg d'Ascra, nous arrivâmes à Lebadée vers la fin du même jour. Cette ville n'offrait plus qu'un monceau de ruines sur lesquelles le peu d'habitants échappés aux fureurs des dernières guerres étaient venus construire de nouvelles demeures.

Le gouverneur se rendit d'abord chez le démarque, M. Lambranoco, à qui il nous présenta ; celui-ci nous accueillit avec cette politesse grave qui est dans les habitudes de ce peuple, nous offrit de prendre le repas au milieu de sa famille, et voulut nous donner l'hospitalité.

Les principaux de la province se réunirent chez lui ; il s'agissait d'élire des députés qui devaient se rendre à Athènes pour s'occuper de la constitution.

L'assemblée était nombreuse ; parfois l'entretien était animé, le gouverneur parlait souvent et longtemps, et, par une transition d'idées inexplicable, pendant que les autres Grecs continuaient à discuter, il prenait une guitarre, en jouait, puis revenait à la discussion. Au nombre des députés des villes à cette assemblée préparatoire, était un habitant du Parnasse; ce n'était pas Apollon, on eut dit plutôt Marsyas ; son profil de satyre, ses mouvements brusques attirèrent notre attention, il parlait moins souvent debout qu'accroupi sur ses talons, et, par une force musculaire prodigieuse, il s'abaissait et se relevait verticalement sans nulle apparence d'efforts. L'épouse du demarque prenait part aux discussions politiques; le feu qu'elle y mettait formait un contraste avec le calme et la gravité de son mari.

Empressés de voir l'antre de Trophonius, nous demandâmes à y être conduits. Notre guide nous mena sur le bord du torrent d'Erchina qui coule entre deux rochers à pic. Il nous fit remarquer dans le roc des niches creusées, indice d'un lieu sacré; auprès est une étroite ouverture que les habitants tiennent pour être celle de l'antre de Trophonius. Muni d'un flambeau, je m'avance avec peine et presque en rampant. A la faible lueur qui éclaire ce souterrain, j'aperçois le chemin dévier et descendre, je lance une pierre au-devant de moi et j'entends le bruit de l'eau dans laquelle elle était tombée; c'était un réservoir naturel des cours d'eau intérieurs de la montagne; je me hâtai de regagner l'ouverture de l'antre.

Mieux renseigné par un ingénieur macédonien, M. Naum, qui résidait à Lébadée, et prenant Pausanias pour guide, nous gravîmes le rocher à une hauteur d'environ cinquante mètres. Nous parvînmes à une plate-forme autour de laquelle on remarque des niches sacrées. Sur le sol se voyait l'orifice d'une ouverture comblée; là était l'antre de Trophonius. C'est donc là qu'on faisait descendre ceux qui voulaient consulter l'oracle, après leur avoir fait subir de longues préparations; c'est là que, dans les ténèbres, les prêtres effrayaient leur imagination par des apparitions soudaines, par des bruits indéfinissables, et d'où ils ne sortaient le plus souvent que sous l'impression de quelque douleur violente qui leur ôtait le sentiment et presque la vie, et qui leur laissait pour toujours un fond de tristesse que rien ne pouvait surmonter.

L'aspect des lieux coïncide parfaitement avec la description qu'en a faite le voyageur grec.

Les niches qui se voient à la base du rocher sur les rives du torrent indiquent la position du bois sacré; près de là, on voit encore les deux sources du Léthé et de Mnémosine, où devaient boire ceux qui voulaient consulter l'oracle, à l'une pour perdre le souvenir du passé, à l'autre pour conserver la mémoire de ce qu'ils allaient voir et entendre.

Cet oracle devait être un des plus anciens de la Grèce, puisque les Thébains alléguant une vieille inscription, disaient qu'Amphytrion, voulant épouser Alcmène, fit faire une chambre nuptiale par Trophonius et Agamède, les deux célèbres architectes de son temps, auteurs du premier temple d'Apollon à Delphes.

Après avoir remercié nos hôtes de leur bon accueil, nous prîmes le chemin de Chéronée. Cette ville, située à l'extrémité d'une vaste plaine, est adossée aux montagnes qui en forment l'enceinte.

Avant d'arriver à la ville, nous vîmes les débris épars du lion élevé par les Grecs sur la sépulture des Thébains qui périrent en combattant contre

Philippe; il est en marbre, nous nous empressâmes d'en dessiner les fragments. Il est aisé de reconnaître qu'il était assis, et que sa longueur était d'environ 3 mèt. 50 c.

Ainsi, l'on consacrait la mémoire des grands évènements. Ces débris entretiennent encore chez les jeunes Grecs le souvenir de la gloire de leurs ancêtres et même de leurs illustres revers. Un vieux soldat veillait auprès des restes du lion, il se plaisait à nous les expliquer.

Le gouverneur de Lamia, qui avait assisté à nos recherches, nous quitta dans cet endroit pour se rendre à la frontière de Thessalie.

Le premier monument antique qu'on aperçoit en entrant à Chéronée, est le théâtre adossé à l'Acropole. Ce monument est taillé dans le roc ainsi que le théâtre d'Argos. Non loin, dans une église ornée de peintures d'une parfaite conservation, est un siége en marbre que les habitants disent avoir appartenu à Plutarque.

Ce siége, dont quelques parties sont mutilées, est véritablement antique. Il a pu exister au temps de l'historien, mais qui pourrait assurer qu'il lui ait appartenu ? C'est chez les habitants une pieuse croyance que nous nous sommes bien gardés de troubler en manifestant quelque doute à son sujet. Nous n'eussions pas été moins curieux d'y voir le

sceptre de Jupiter qui avait passé de ce dieu à
Mercure, à Pélops, à Atrée, à Thieste, à Agamemnon,
que les prêtres conservaient et auquel ils faisaient
des sacrifices. On peut pardonner cette prétention
à des citoyens qui disaient que c'était au sommet
de leur Acropole, que Rhéa trompa Saturne en lui
présentant une pierre au lieu du petit Jupiter
qu'elle avait mis au monde.

Le lendemain, après avoir suivi de longs défilés
au pied du Parnasse, nous arrivâmes à Delphes,
situé sur la pente du mont.

Le premier objet qui frappe les regards en entrant dans la ville, est le double sommet tant célébré par les poètes. Ce sont deux pics élevés du milieu desquels s'échappe l'eau de la fontaine Castalie. Le mont Parnasse s'étend de la mer de Corinthe jusqu'à la chaîne de l'Oéta. Il surpasse en hauteur tous les monts de la Grèce. L'imagination poétique des Grecs en avait fait le séjour d'Apollon et des Muses; toutefois on s'attendrait en vain à trouver dans ces lieux de riants bocages; la nature y est grande, mais l'aspect en est sauvage, les rochers y sont nus, et les ruisseaux y sont des torrents. Une partie des eaux de la fontaine Castalie est conduite encore aujourd'hui dans l'antique bain creusé dans le rocher; des marches également taillées dans le roc servent à y descendre, et des niches destinées à recevoir des offrandes témoignent que ce lieu était consacré à une divinité.

Dans le milieu de la ville, on voit les restes du temple d'Apollon, célèbre dans toute la Grèce et jusque chez les peuples de l'Occident.

Il fut construit vers l'an 513 avant J.-C. par l'architecte Spintarus, de Corinthe, 900 ans après l'incendie de celui dont Trophonius avait été l'architecte, ce même Trophonius qui, après le vol du trésor du temple et le meurtre de son frère Agamède, fut englouti dans la terre entr'ouverte sous ses pas.

Dans les fouilles qu'on y a faites, on a découvert des tambours de colonnes doriques revêtues de stuc, des chapiteaux ioniques en marbre d'une grande dimension, des fragments de corniche ornée qui ont dû appartenir au faîte de l'édifice; enfin, une partie du soubassement du temple. Celle-ci est en marbre et de travail cyclopéen.

La partie visible de ce mur a huit mètres de longueur; elle est couverte par une inscription qui fait connaître les noms des archontes sous lesquels des dons ont été faits pour la construction du temple. Cette inscription est divisée en deux parties par un recreusement profond en forme de lyre. Au temps de Spon, aucun vestige de ce monument n'était visible, il fut réduit à en conjecturer l'emplacement.

Il ne reste rien du théâtre dont parle Pausanias, mais le stade qui était placé au dessus se reconnaît en entier. On y voit encore les gradins qui servaient de siéges aux juges des jeux pythiens. Ils sont taillés dans le roc et occupent l'extrémité septentrionale du stade. De ce point élevé, la vue s'étend jusqu'à la mer de Crissa, et au mont Cyllène dans le Péloponèse.

Le stade était dominé par la roche Hiampie, d'où les Delphiens précipitèrent Esope en présence du peuple accouru pour être témoin du meurtre de ce sage, à qui la Grèce aurait dû élever des statues.

Au dessous de la fontaine Castalie est un monastère où l'on trouve parmi quelques fragments antiques, un bas-relief qui représente le torse nu d'une figure de grandeur naturelle, dans l'attitude de tendre un arc. Ce fragment est de la plus belle époque de l'art. Les Religieux prétendent que c'est un Homère ; on doit plutôt y voir un Apollon: son attitude, la jeunesse des formes et l'idéal qui règne dans toutes ses parties, autorisent cette conjecture. Là se voient aussi des murs construits en grands blocs, à lits horizontaux : ce sont les restes du Gymnase. C'est dans ce lieu qu'Ulysse fut blessé au-dessus du genou par une laie qu'il poursuivait et qui y laissa une cicatrice à laquelle Euriclée le reconnut. Dans ce moment nous fûmes surpris par un orage affreux l'eau ruisselait sur les rochers et coulait en torrent dans la vallée, et cependant nous ne pouvions nous arracher de ces lieux que nous allions quitter pour toujours. Nulle ville de la Grèce ne fut plus célèbre par la pompe des cérémonies religieuses auxquelles accouraient tous les peuples, ni plus riche en monuments des arts, en offrandes du plus grand prix ; mais aussi nulle ville n'excita à un plus haut degré l'avidité des peuples qui vinrent tour à tour la dépouiller de ses richesses et détruire ses monuments.

Nous partîmes de Delphes pour nous rendre à Aracova, nous approchions de ce bourg, et déjà nous esquissions la vue de la vallée que nous venions de parcourir, lorsque nous fûmes entourés par un groupe de jeunes grecs aux regards intelligents, à la physionomie heureuse. L'un d'eux, nommé Demitri ,jettant les yeux sur un volume de Spon que j'avais auprès de moi, le prit, en lut le titre correctement et le traduisit. Le latin ne lui était point étranger. Plusieurs de ses jeunes émules s'empressèrent à l'envi de me faire voir qu'eux aussi étudiaient notre langue.

Le bourg d'Aracova est situé sur la pente du Parnasse; les hommes y sont, comme dans toute la Grèce, d'une belle stature, et les femmes y sont les plus belles que nous ayons vues nulle part; leur beauté est même passée en proverbe parmi les Grecs. Ce ne sont point cette beauté et ces graces de la Vénus de Médicis ; les femmes d'Aracova semblent être formées plutôt sur le type de la Vénus de Milo ou de la Junon du Capitole.

Nous nous dirigeâmes vers le nord. Il nous fallait traverser le mont Cnémus par des sentiers étroits pratiqués dans les rochers suspendus sur les précipices. De ces sommets, nous voyions l'île montueuse d'Eubée; déjà nous étions parvenus à sa base, dans des forêts de chênes, de pins et de sycomores, lorsque nous aperçûmes une multitude d'hommes munis d'armes, couchés, ayant leurs chevaux auprès d'eux. Nous pensâmes être tombés dans une embuscade de voleurs; notre attention se porta rapidement sur nos guides, et voyant leur calme, nous les crûmes affidés à des bandits à qui ils venaient de nous livrer. Mais nous reconnûmes bientôt notre erreur : c'étaient des muletiers, armés comme ils le sont toujours, qui venaient de transporter leurs denrées dans les villes les plus voisines, et qui étaient venus, comme nous, se désaltérer à une source, lieu de halte ordinaire, et se reposer sous l'ombrage des grands arbres qui l'entourent.

Arrivés sur la plage, nous entrâmes le 30 septembre dans le défilé des Thermopyles, que nous reconnûmes bientôt par sa conformité avec les descriptions qu'en ont faites les historiens. C'est bien là cet étroit passage entre des monts escarpés d'un côté, la mer et des marais impraticables de l'autre. Nous desirions voir la source des eaux thermales qui ruisselaient autour de nous et d'où s'exhalait une forte odeur de soufre, mais nos guides, trompés sur nos intentions, nous conduisirent vers les sommets élevés de l'Oéta, pour nous montrer les restes d'un mur construit par les Phocéens, antérieurement au combat des Grecs et des Perses, afin de se garantir des incursions des Thessaliens.

Après bien des fatigues inutiles, nous redescendîmes les monts de rochers en rochers jusqu'au fond du précipice où roule l'Asopus de Thrachinie. Parvenus au bas de la montagne, nous traversâmes le Sperchius, dont les eaux jaunâtres et profondes se jettent dans le golfe Malliaque, et forme la limite entre la Grèce et la Thessalie.

Après deux heures de marche dans une vaste plaine tranchée de marais, nous arrivâmes enfin à Lamia, ville de la Phtiotie, patrie d'Achille. Déjà le gouverneur était arrivé à sa résidence; nous fûmes assez heureux pour trouver à Lamia un médecin français, M. Dumont, qui avait fait, en 1826, partie de l'expédition française en Morée. Il voulut bien nous accompagner dans une seconde excursion que nous fîmes aux Thermopyles, nous y servir de guide et nous expliquer ces lieux qu'il avait étudiés souvent et comparés avec les écrits d'Hérodote. Il nous conduisit à la source des eaux thermales; elles sortent avec abondance du creux des rochers, serpentent d'abord parmi les roseaux, et se répandent ensuite sur le sol qu'elles exhaussent par le dépôt de leur sédiment. Nous reconnûmes la position de l'armée de Xerxès, l'étroit chemin où se replièrent les Grecs emportant le corps de Léonidas, la colline où ils se défendirent encore quelques instants et rendirent les derniers soupirs.

Cette éminence domine le défilé ; on y voyait un temple à Cérès. Les Grecs y élevèrent des tombeaux à Léonidas et à ses compagnons, et des inscriptions parlaient de leur mort glorieuse; inscriptions, temple, tombeaux, tout a disparu ; mais le théâtre de cette action mémorable existe encore comme au jour du combat. En effet, que peuvent le temps et les hommes sur une mer, sur les rochers de l'Oéta et sur les sources cachées de ces eaux brûlantes qui ont fait donner à ce passage le nom qui, d'âge en âge s'est conservé chez le peuple jusqu'à nos jours.

Après avoir offert à la mémoire de ces héros notre tribut d'admiration, et recueilli dans nos cahiers plusieurs souvenirs de ces lieux, nous songeâmes à retourner à Athènes. Ayant donc pris congé du gouverneur, de M. Dumont, dont l'obligeance nous fut si utile, de M. Bréban, ce bon et aimable compagnon de voyage, et munis d'une escorte pour traverser des parages peu sûrs, nous prîmes le chemin de l'Attique.

Ayant traversé des champs de myrthe, de lauriers-roses, des forêts détruites par la flamme, et d'autres brûlant encore, malgré les efforts que fait le gouvernement pour en arrêter les progrès, nous arrivâmes en face de l'extrémité septentrionale de l'Eubée. On y voit l'île ou plutôt le rocher, métamorphose de l'infortuné Lichas, qu'Hercule, dans sa fureur, lança dans la mer après avoir reçu de lui la tunique empoisonnée du Centaure Nessus.

Nous arrivâmes à Chalcis. Dans toute cette pénible route, depuis Lamia, nous n'eûmes pour gîte que les chétives demeures des habitants : quatre murs en terre sans cheminée, le foyer établi au milieu de l'aire, la porte pour toute ouverture, pour meuble un coffre à serrer les vêtements, une table à quelques pouces de terre autour de laquelle la famille s'assied accroupie, pour lit une natte de jonc et une couverture, une planche pour déposer les menus objets, quelques clous fixés dans les murs pour y suspendre les armes. Du reste, dans toutes les habitations grecques, même dans celles des villes, nous avons remarqué cette complète absence des superfluités dont nous remplissons nos demeures.

Chalcis est unie au Continent par un pont de bois de peu d'étendue, jeté sur l'Euripe dont nous avons vu l'eau peu profonde courir avec rapidité du nord au midi et du midi au nord, par intervalles égaux de six heures. Sur les diverses portes de cette capitale de l'Eubée, on voit le lion de saint Marc, indice de la possession des Vénitiens, et quelquefois des fleurs-de-lys. Les rues en sont étroites et tortueuses, et les décombres dont elle est remplie sont les effets des dernières guerres.

Près de Chalcis, sur le rivage de la Grèce, est une anse formée par deux promontoires; là, était le port d'Aulis où la flotte d'Agamemnon fut si longtemps retenue par les vents. Les vaisseaux réunis pour cette expédition fameuse n'auraient pu y être contenus, mais la rade qui s'étend jusqu'à l'Eubée leur donnait tout l'espace nécessaire. Nous vîmes là, comme en tant d'autres lieux, que la nature avait repris tous ses droits; nulle trace d'habitation ni de ces Grecs menaçants dont nous avons vu les tombeaux sur la côte de l'Asie dans ces champs ravagés par eux. Une base de colonne en pierre est le seul fragment qui atteste à Aulis que jadis une ville exista là; nous l'avons marquée dans nos dessins; plus ces débris sont rares, plus on doit s'empresser de les recueillir.

En suivant la côte, nous arrivâmes à l'embouchure de l'Asopus de Béotie, et fîmes une station à la fontaine d'Oropos, non loin de Tanagra, patrie de cette Corinne dont on vit plusieurs fois dans les combats de poésie les ouvrages préférés à ceux de Pindare.

Enfin, nous rentrâmes à Athènes, après dix-sept jours d'absence; les Athéniens s'occupaient alors du choix de leurs députés. La jonction des deux rues principales d'Éole et d'Hermès et le café de la Belle-Grèce étaient le forum où ils se réunissaient, mais sans tumulte et sans bruit inquiétant.

Les Grecs, dans des jours si voisins de leur révolution, s'occupaient avec calme des affaires de l'Etat. Une révolution en Grèce n'a pas l'aspect hideux de l'émeute dans nos villes; nul jurement (les Grecs n'en connaissent pas), nul cri ne troublent la régularité de leur physionomie et n'en altèrent la noblesse. On chercherait en vain chez eux ces prévenances, ces soins adulateurs et cet esprit de galanterie qui dominent si fortement dans nos habitudes de société; les hommes ont entr'eux de la dignité, et les femmes semblent n'avoir avec eux aucun commerce. Nul mélange des sexes, nulle conversation. Est-ce chez les hommes une pudique réserve? Est-ce une insouciance peu naturelle, ou un injuste dédain? C'est, peut-être, un peu de tout cela, et l'exemple de l'esclavage des femmes qui leur a été donné si longtemps par les Turcs, influe peut-être encore sur les mœurs des Grecs devenus libres. Mais l'instruction qui se répand dans toutes les classes, par le bienfait de l'institution d'une bibliothèque publique et d'une école pour l'enseignement des sciences, des lettres et des arts, le contact avec les autres nations européennes, modifiera insensiblement leurs usages ; ils goûteront les charmes d'une civilisation qui ne peut s'accomplir si les femmes n'y sont de moitié.

Un vaisseau partait pour Constantinople, M. Dalgabio ayant terminé les travaux auxquels il s'était livré à Athènes, pendant notre absence, monta à son bord pendant que M. Rey et moi nous entreprîmes le voyage de Corinthe par Epidaure.

III.

Voyage de Corinthe par Epidaure, Egine, Epidaure, Hiéro, Angello-Castro. — Couvent de Phanéromène. — Corinthe. — Isthme de Corinthe. — Retour à Athènes.

Le 25 octobre, nous nous rendîmes au Pirée, accompagnés de M. Couchaud, et ayant pris une petite barque montée par deux rameurs, et munie d'une voile, nous nous dirigeâmes sur Egine. Après une heure et demie de traversée par un vent qui soufflait avec force, nous arrivâmes au nord-est de l'île, ayant heureusement passé au travers des écueils dont elle est bordée.

Egine est d'une grande fertilité; les Eginètes, dont la puissance maritime égalait celle d'Athènes, armèrent un grand nombre de vaisseaux dans la guerre contre les Perses. Cette importance explique le nombre des monuments qu'on y voyait.

Dans la ville, étaient les temples d'Apollon, de Diane, de Bacchus, et celui d'Esculape. Il ne reste de tous ces édifices que quelques traces du dernier.

Le monument qui avait le plus de célébrité, selon Pausanias, était le temple de Jupiter, sur le mont Panhéllénien, situé au sud de l'île; il n'en reste plus que quelques vestiges.

Le temple, dont les ruines sont aujourd'hui les plus considérables, est celui de Minerve, qui n'est pas mentionné par le voyageur grec, et que les archéologues croient devoir dénommer ainsi, parce que la statue de Minerve, qui se voyait dans le fronton, paraissait être la figure principale du sujet historique qui y était représenté. Ce temple est situé sur un mont en regard de l'Attique. Nous y parvînmes après avoir longtemps gravi par d'étroits sentiers. Sur trente-six colonnes qui composaient son péristyle et son pronaos, vingt-quatre sont encore debout. La pierre dont elles sont formées a été tirée des rochers même de l'île. Dure et poreuse, elle avait été revêtue d'un stuc dont on distingue encore quelques traces. Les colonnes ne sont plus surmontées que de leur architrave, le reste de l'entablement a été renversé, et les statues du fronton ont été enlevées; elles figurent aujourd'hui dans le musée de Munich.

Ce temple est bien supérieur à celui de Neptune, à Pœstum, auquel on l'a quelquefois assimilé. Les temples de Pœstum semblent être une exagération des formes grecques dans la largeur des chapiteaux, la diminution des colonnes et la hauteur de l'entablement. Ainsi, les monuments des arts perdent de leur pureté originelle lorsqu'ils s'éloignent du sol où ils ont pris naissance, n'étant plus sous l'influence du génie et de la civilisation qui les a produits. Ainsi, les arts de Rome, transportés dans les provinces conquises, n'en furent bientôt que d'imparfaites et quelquefois de grossières imitations. L'architrave qui reposait sur les colonnes de ce temple était divisé en deux parties sur son épaisseur. A l'extrémité de chaque bloc on remarque un encastrement demi-circulaire, destiné à retenir le cable qu'on y passait pour l'élever. Ce mode a été suivi au temple d'Agrigente, moyen ingénieux qui atteste le soin que les Anciens prenaient dans la construction de leurs édifices pour éviter les mutilations auxquelles les blocs sont exposés lorsqu'on les hisse du sol jusqu'à la hauteur où ils doivent être placés.

Pendant que chacun de nous s'occupait de dessiner ce monument sous ses diverses aspects, la brise augmentait; nous nous hâtâmes de descendre au rivage et de monter sur notre barque pour gagner Epidaure où nous ne parvînmes que longtemps après la chûte du jour.

Cette ville, célèbre par le culte qu'on y rendait à Esculape, est située au fond d'un petit golfe. On y voyait le temple du dieu. L'acropole de la ville qui se reconnaît encore par quelques restes de ses murs cyclopéens, était située sur un promontoire lié au continent par un isthme de peu de largeur. On y voyait un théâtre dont nous avons reconnu quelques gradins épars.

Après avoir traversé cet isthme, nous vîmes, non loin de la mer, au milieu des champs, plusieurs statues de femmes drapées, en marbre, et couchées sur des lits; elles nous parurent être de la plus belle époque de l'art. Nous pensons que ces figures étaient des monuments votifs, offerts à Esculape par des malades qui avaient recouvré la santé.

Ces statues auraient, sans doute, été dignes d'être placées dans les musées d'Athènes; mais combien elles inspirent plus d'intérêt sur les lieux où elles témoignent encore de la piété et de la reconnaissance des anciens Grecs pour un Dieu bienfaisant qui, plus que tous les autres, s'associait aux souffrances des hommes, et leur apportait la guérison ou, du moins, quelque soulagement à leurs maux.

A peu de distance d'Épidaure, était l'enceinte sacrée d'Esculape, l'Hiéron, qui renfermait le bois sacré, le temple du dieu, celui de Diane, deux chapelles consacrées l'une à Thémis, l'autre à Vénus, et un théâtre, ouvrage de l'architecte Polyclète. Suivant Pausanias, ce théâtre était le plus beau qui fût dans toute la Grèce. Il existe encore dans son entier; les gradins, quoique dérangés pour la plupart par les racines des arbustes qui les ont déversés, couvrent l'hémicycle, et, à quelque distance, paraissent être dans leur état primitif.

Le roi Othon, visitant les monuments antiques de la Grèce, s'arrêta à Hiero; il fut donné, dans ce théâtre, une fête à laquelle assistèrent les Grecs accourus de toute part; les gradins, chargés de spectateurs, présentèrent un coup-d'œil qui dut rappeler les temps anciens, lorsque trente mille spectateurs applaudissaient aux vers d'Euripide et de Sophocle.

Quelle comparaison pour les nôtres, où tout annonce une durée éphémère; étroites enceintes à balcons suspendus, que l'on craint de voir s'écrouler sous le poids des spectateurs; tristes enfants de la mode, ce fléau des beaux arts, tous les caprices vains dont vous êtes parés ne sauraient révéler une seule des grandes pensées empreintes sur chaque siége en marbre du théâtre d'Hiero.

Quelques autres monuments qui se voyaient dans l'enceinte sacrée, n'offrent plus aujourd'hui que des débris.

Le stade, toutefois, se distingue par son périmètre assez bien conservé, quelques gradins existent encore. Les bains d'Esculape, construits par Antonin, présentent aussi des restes considérables. Parmi des blocs épars non loin des bains, nous avons remarqué des fragments de forme circulaire que nous pensons avoir appartenu à la Rotonde de Polyclète, et que Pausias, peintre de l'Ecole de Sycione, contemporain d'Apelles, avait orné de tableaux représentant l'Amour tenant une lyre au lieu de flèches, et l'ivresse sous les traits d'une femme dont le visage apparaissait au travers d'une bouteille qu'elle s'apprêtait à vider.

Nous partîmes d'Hiero pour nous rendre à Corinthe. Dans cette route, nous fîmes une courte station au village d'Angello-Castro, dont les jolis aspects justifient le nom. Nous fûmes bientôt entourés par les habitants qui nous regardaient avec curiosité ; un air de bonheur se faisait remarquer sur tous les visages. Les costumes fixèrent notre attention. La coiffure des femmes se compose d'une longue bande d'une étoffe de laine blanche qui, après avoir fait plusieurs fois le tour de la tête, laissait retomber sur les épaules ses extrémités frangées. L'Italie, sans doute, offre des costumes d'une originalité piquante, mais aucun n'a cette grace et cette simplicité antiques.

Vers le soir, nous arrivâmes au couvent de Phaneromène, situé sur les flancs escarpés de la chaîne du mont Cyllène.

A ses pieds coule un torrent dans un profond ravin. De ce monastère, on voit l'Acrocorinthe, l'Isthme, le golfe Saronique, les roches Scyroniennes, Mégare et le mont Cithéron, la mer de Crissa, Delphes et le Parnasse.

Accueillis par les bons Pères qui habitent ce monastère, nous y passâmes la nuit ; ils s'empressèrent de partager avec nous leur frugal ordinaire et de nous offrir le café, signe de cordialité de l'hôte qui reçoit un étranger. Les cellules étaient petites, les portes basses ; une galerie supendue y conduisait, la chapelle était ornée de peintures médiocres, les Religieux étaient vêtus d'habits grossiers ; tout ce que nous voyions nous eût ailleurs semblé de la pauvreté; ici, loin de tous les humains, au milieu de ces sites imposants par leur grandeur, nous n'étions touchés que du calme parfait dont nous paraissaient jouir ces hommes retirés du monde, sans desir pour le présent, sans inquiétude pour l'avenir, remplissant leurs journées par l'exercice de quelques pratiques religieuses, attendant la fin d'une existence qu'ils ne songent ni à abréger ni à prolonger.

Le lendemain matin, nous descendîmes de ces hauts sommets, et, parvenus à leur base, après avoir traversé une vaste plaine et tourné l'Acropole, nous arrivâmes à Corinthe. Nous parcourions de longues rues étroites et bordées de maisons dévastées et désertes. Rien ne frappe autant l'imagination que ce profond silence au milieu d'une ville ; tel est l'effet que l'on éprouve en parcourant les rues de Pompéï ; en pénétrant dans ces demeures, on ne peut se défendre de quelque trouble. A chaque détour obscur, il vous semble que le maître du logis va vous apparaître et vous demander le sujet de votre présence ; mais nul être vivant ne s'offre à vos regards, et le seul bruit qui se fasse entendre est celui de vos pas.

Corinthe, cette ville qui, à toutes les époques de l'histoire de la Grèce, eut une si grande importance, la clé du Péloponèse, maîtresse de deux mers, où abondaient d'immenses richesses, a été détruite de fond en comble dans les dernières guerres de l'indépendance des Grecs. Du milieu de ses ruines surgissent encore les colonnes, noircies par le temps, du temple de Minerve Chalinitis, ou qui préside au frein, parce qu'elle fut secourable à Bellérophon, et qu'elle mit elle-même un frein à Pégase. Ses colonnes, au nombre de huit, formaient un des angles du périptère ; elles sont en pierre dure et poreuse, comme celles du temple de Minerve à Egine ; elles étaient revêtues de stuc, dont on aperçoit quelques traces ; le fût de ces colonnes est d'un seul bloc, et l'architrave est, comme au temple d'Egine, en deux parties sur son épaisseur.

On montre aux étrangers le bain de Vénus ou plutôt la fontaine Pirène ; c'est une source qui s'échappe d'une vaste et profonde grotte. Non loin, est un amphithéâtre creusé dans le roc, avec ses escaliers et ses gradins ; c'est un ouvrage romain, les Grecs n'ayant pas pratiqué les exercices et les combats usités dans les amphithéâtres.

Il ne reste plus aucun vestige ni du tombeau de Diogène, qui se voyait près la porte de la ville, ni du temple de Vénus, dont était prêtresse la célèbre Laïs.

Si l'on en croit Vitruve, c'est à Corinthe que fut imaginé l'ordre d'architecture le plus riche et le plus élégant.

« Le sculpteur Callimaque, dit-il, rencontra par hasard la sépulture d'une jeune fille de Corinthe ; sa mère avait posé sur ce tertre chéri une corbeille remplie des objets qu'elle avait aimés, et l'avait recouverte d'une toile. Sous la corbeille se trouva une racine d'acanthe dont les feuilles, en grandissant, s'élevèrent jusque sous les bords de la toile, qui les obligea de se courber. Callimaque, frappé de l'aspect gracieux de ces objets réunis, imagina à leur ressemblance, le chapiteau qu'on appelle corinthien.

Si c'est là une fable, Vitruve n'en est certainement pas l'inventeur, elle respire une origine toute grecque. A défaut du témoignage des historiens qui se sont peu occupés de nous transmettre des faits de cette sorte, il faut se contenter d'un récit qui plaît à l'imagination et qui n'a rien qui blesse la vraisemblance.

L'Acrocorinthe est élevé de 575 mètres au dessus du niveau de la mer; pour y monter, nous prîmes des chevaux et un guide, et, après trois quarts d'heure de marche, nous parvînmes à l'entrée de la citadelle.

Une ville turque et plusieurs mosquées existaient sur le plateau de l'Acrocorinthe; elle n'offre aujourd'hui que des ruines amoncelées. Après bien des détours, nous arrivâmes à une petite église bâtie sur le lieu où saint Paul fit entendre sa parole aux Corinthiens. Tout auprès, est la source où Bellérophon se saisit de Pégase au moment où il venait s'y désaltérer. De ce sommet, l'œil plane sur l'isthme entier et sur les deux mers qu'il sépare.

Il nous fallut quitter Corinthe pour retourner à Athènes; nous traversâmes donc l'isthme pour nous embarquer au port de Kalamachi, où nous avait dévancé M. Couchaud.

Non loin du golfe Saronique nous vîmes le Stade où l'on célébrait tous les cinq ans les jeux isthmiques. On y disputait, comme aux jeux olympi-

4

ques, le prix de la lutte, de la course, du saut, du disque et du javelot, et ce qui augmentait le lustre de ces jeux, c'est qu'ils tenaient lieu d'ère aux Corinthiens. Le concours était si grand, qu'il n'y avait que les principaux membres des villes de la Grèce qui pussent trouver place sur les siéges du Stade. Le reste des populations pouvait jouir de ce spectacle en se plaçant sur le penchant de la montagne à laquelle un des côtés du stade était adossé, et qui en est, en quelque sorte, le prolongement.

Près du Stade sont les restes du temple de Neptune : on sait que l'Isthme était consacré à ce Dieu, et que son temple renfermait de nombreuses statues. Entre autres monuments en bronze, on y voyait Amphitrite et Neptune debout sur un char attelé de quatre chevaux d'or dont les pieds étaient en ivoire, tenus par deux Tritons aussi d'ivoire et d'or. Les restes de ce temple consistent en des fragments de tambours de colonnes d'une pierre dure et grossière, mais qui était, ainsi que le temple de Minerve, à Corinthe, revêtue de stuc.

Dans ce même lieu, on voit les ruines du mur construit par les peuples du Péloponèse, pour s'opposer à l'invasion des Perses, après la mort de Léonidas. Il avait 7500 mètres d'étendue, il coupait l'isthme en le traversant d'une mer à l'autre ; il était construit en grands blocs et suivait les sinuosités du sol. On y distingue la base des tours circulaires dont il était flanqué ; mais ce travail doit être attribué aux Vénitiens qui rétablirent ce rempart pour conserver leurs possessions dans la Morée.

Après avoir fait plusieurs vues de ces lieux célèbres, nous nous embarquâmes pendant la nuit. Nous suivîmes la côte de Mégare et les roches Scyroniennes, dans lesquelles était pratiqué cet étroit défilé où Scyron, l'un de ces brigands que punit Thésée, arrêtait les voyageurs et les précipitait dans la mer.

A la pointe du jour, nous atteignîmes l'île de Salamine et la doublâmes en suivant sa côte méridionale. Enfin, après avoir passé devant l'embouchure du détroit où Thémistocle rangea la flotte des Grecs, nous entrâmes au Pirée.

Nous allions à Athènes prendre un instant de repos et attendre le départ d'un vaisseau pour Constantinople.

IV.

Départ pour Constantinople. — Chio. — Sestos et Abydos. — Lampsaque. — Constantinople.

Ce jour arriva bientôt, et, le 31 octobre, nous montâmes sur le *Périclès* qui se rendait à Syra. Arrivés dans ce port, nous fûmes reçus à bord du *Scamandre*, et, le lendemain, nous étions dans le canal de Chio, cette ville qui dispute avec Smyrne, Colophon, Ithaque, Athènes, la gloire d'avoir vu naître Homère. Cette île s'offre aux regards, ainsi que toutes les autres îles de l'archipel, aride et montueuse; toutefois, elle produit un des vins les plus renommés de toute la Grèce.

Après avoir doublé le promontoire Melœna, et passé le long des ruines de la patrie d'Anaxagore, Clazomène, nous arrivâmes à Smyrne. Notre vaisseau ne demeura que peu d'heures en vue de ce port que nous devions visiter plus tard, et, continuant notre route, nous entrâmes dans le détroit de Lesbos où naquirent Pittacus, Sappho, Alcée, Arion, Terpandre, où aborda, dit-on, la lyre d'Orphée, et dont les habitants, livrés avec passion au culte de la poésie, avaient donné lieu de dire qu'à leurs funérailles les Muses faisaient retentir l'air de leurs gémissements.

Déjà nous apercevions les côtes de la Troade, et nous pouvions distinguer les tombeaux des Grecs; nous aurions voulu descendre sur ces bords célèbres, mais le navire impitoyable emporte les voyageurs. Nous les saluâmes avec regret, incertains si nous pourrions plus tard ressaisir un rivage que nous voyions fuir loin de nous.

Après avoir doublé le cap Sigée, nous découvrîmes l'embouchure du Simoïs et nous entrâmes dans le détroit de l'Hellespont dont les rives, chargées d'une abondante végétation, présentent les plus riants aspects.

En passant au-devant des Dardanelles, notre vaisseau prit à son bord un grand nombre de Turcs qui se rendaient à Constantinople; tous emportaient avec eux des vases de terre vernissés, dont la forme est allongée et l'embouchure étroite. Les ornements dorés qui les recouvrent en font un objet de luxe plutôt que d'utilité.

Nous ne tardâmes pas à nous trouver au plus étroit du passage, entre Sestos et Abydos. L'Hellespont n'a, dans cet endroit, qu'un mille de largeur. Ainsi la traversée qu'en faisait à la nage l'amant de Héro n'a rien de prodigieux, mais ce détroit est dangereux par le courant qui vient de la mer Noire; il est sujet aux tempêtes, et ce n'est pas sans danger qu'on peut en essayer la traversée. Léandre périt dans un de ces accidents fréquents sur cette mer.

Nous fûmes bientôt en vue de Lampsaque, patrie d'Anaximène l'historien, où naquit le fils de Vénus et de Bacchus, que les maris peu contents chassèrent de leur ville et auquel ils furent obligés, peu de temps après, d'élever des autels suivant une décision de l'oracle de Dodone. On sait que cette ville est une de celle que Xerxès donna à Thémistocle pour l'entretien de sa table, elle devait lui fournir son vin; en effet, de très belles vignes se remarquent à l'entour. Enfin, nous entrâmes dans la Propontide, et, dans la matinée du 4 octobre, nous aperçumes, dans les brumes d'un horizon lointain, des dômes, des minarets et le développement d'une ville immense, c'était Constantinople.

Le vaisseau marchait avec vitesse, les objets semblaient venir à nous ; déjà nous étions au château des Sept-Tours, prison d'Etat; nous découvrions la pointe du Sérail, ses jardins et ses kiosques. Sur le bord de la mer, on nous fit remarquer la porte par laquelle sortent les femmes, que les Sultans envoient à la mort en les faisant noyer. Nous étions arrivés dans le port; à nos yeux se déroulait le magique tableau qu'offre ce long amphithéâtre de Constantinople, du Péra, de Scutari qui en est séparé par le Bosphore. A la verdure des nombreux jardins se mêlent les habitations de forme légère, peintes de vives couleurs, les mosquées dont les vastes dômes sont accompagnés des coupoles qui couvrent les portiques de leurs enceintes, les immenses palais des ministres et des ambassadeurs, et ces vaisseaux turcs de grandeur colossale, brillants d'or et de couleur de feu, et ce mouvement des barques élancées qui sillonnent la mer dans toutes ses directions ; tout, dans cet aspect, semble vous montrer la reine des nations. Mais, ô séjour enchanté, ravissante demeure, vous n'êtes qu'illusion; bientôt, en arrivant au port, le charme sera détruit. Pour parvenir jusqu'à votre habitation, il vous faudra passer par des rues étroites et sinueuses où ruisselle la fange, encombrées d'animaux immondes, bordées de maisons dorés qui les recouvrent en font un objet de luxe plutôt que d'utilité.

Nous ne tardâmes pas à nous trouver au plus étroit du passage, entre Sestos et Abydos. L'Hellespont n'a, dans cet endroit, qu'un mille de largeur. Ainsi la traversée qu'en faisait à la nage l'amant de Héro n'a rien de prodigieux, mais ce détroit est dangereux par le courant qui vient de la mer Noire; il est sujet aux tempêtes, et ce n'est pas sans danger qu'on peut en essayer la traversée. Léandre périt dans un de ces accidents fréquents sur cette mer.

Nous fûmes bientôt en vue de Lampsaque, patrie d'Anaximène l'historien, où naquit le fils de Vénus et de Bacchus, que les maris peu contents chassèrent de leur ville et auquel ils furent obligés, peu de temps après, d'élever des autels suivant une décision de l'oracle de Dodone. On sait que cette ville est une de celle que Xerxès donna à Thémistocle pour l'entretien de sa table, elle devait lui fournir son vin ; en effet, de très belles vignes se remarquent à l'entour. Enfin, nous entrâmes dans la Propontide, et, dans la matinée du 4 octobre, nous aperçumes, dans les brumes d'un horizon lointain, des dômes, des minarets et le développement d'une ville immense, c'était Constantinople.

Le vaisseau marchait avec vitesse, les objets semblaient venir à nous ; déjà nous étions au château des Sept-Tours, prison d'Etat ; nous découvrions la pointe du Sérail, ses jardins et ses kiosques. Sur le bord de la mer, on nous fit remarquer la porte par laquelle sortent les femmes, que les Sultans envoient à la mort en les faisant noyer. Nous étions arrivés dans le port ; à nos yeux se déroulait le magique tableau qu'offre ce long amphithéâtre de Constantinople, du Péra, de Scutari qui en est séparé par le Bosphore. A la verdure des nombreux jardins se mêlent les habitations de forme légère, peintes de vives couleurs, les mosquées dont les vastes dômes sont accompagnés des coupoles qui couvrent les portiques de leurs enceintes, les immenses palais des ministres et des ambassadeurs, et ces vaisseaux turcs de grandeur colossale, brillants d'or et de couleur de feu, et ce mouvement des barques élancées qui sillonnent la mer dans toutes ses directions ; tout, dans cet aspect, semble vous montrer la reine des nations. Mais, ô séjour enchanté, ravissante demeure, vous n'êtes qu'illusion ; bientôt, en arrivant au port, le charme sera détruit. Pour parvenir jusqu'à votre habitation, il vous faudra passer par des rues étroites et sinueuses où ruisselle la fange, encombrées d'animaux immondes, bordées de maisons en bois sans régularité et sans goût, qui donnent à ces rues l'air d'une ville improvisée pour une foire.

Après avoir parcouru de nombreux détours, nous arrivâmes à l'hôtel de Belle-Vue, où nous trouvâmes M. Dalgabio, notre ancien compagnon de voyage.

On sait que, pour pénétrer dans les monuments publics, un firman du Grand-Seigneur est indispensable, et qu'il se fait quelquefois attendre longtemps, malgré le prix élevé auquel il faut l'acheter.

Dès notre arrivée, nous pûmes nous réunir à une société qui venait d'en obtenir un. Précédés d'un cavache pour nous garantir des avanies, munis de pantoufles, sans lesquelles on ne peut mettre le pied dans les mosquées, nous nous dirigeâmes vers Ste-Sophie. C'est un temple chrétien que Justinien fit reconstruire après les incendies successifs qui l'avaient détruit.

L'empereur chargea de ce travail Anthémius de Tralles et Isidore de Milet. On dit qu'il le trouva si magnifique qu'il s'écria : Je t'ai surpassé, Salomon.

En effet, la richesse des marbres, le granit, le porphyre des colonnes, la mosaïque dorée de ses voûtes, la grandeur de la coupole, le jeu perspectif des nefs, tout étonne dans ce monument.

Combien il est à regretter que les Turcs en aient détruit l'harmonie en effaçant par une zône blanche les figures qui occupaient l'espace compris entre la retombée de la voûte et l'entablement du deuxième ordre ! Du reste, ce monument du bas-empire est empreint du caractère dégénéré de l'art des Anciens. A cette époque de décadence, la pureté des formes antiques ne fut plus un mérite recherché, on lui préféra le gigantesque des dimensions et la richesse de la matière.

La mosquée, qui rivalise de grandeur avec Ste-Sophie, est celle du sultan Achmet.

Cette mosquée, construite en 1610, est, sans contredit, le plus bel édifice que les Turcs aient élevé. Rien n'est plus théâtral que le jeu pittoresque de ses dômes, de ses minarets et de ses longues lignes interrompues par de hauts cyprès. La porte de la mosquée est précédée d'une vaste cour pavée de marbre, et entourée d'un portique dont les arcs sont supportés par des colonnes également en marbre. Au milieu de cette cour, est une fontaine octogone destinée aux ablutions.

Les fontaines publiques sont aussi des monuments où les Turcs ont développé le plus grand luxe, soit par le choix des marbres, soit par l'or, le coloris et les ornements.

Les places publiques sont rares à Constantinople. La plus étendue est l'Atmeidon, ancien hippodrome au temps des empereurs d'Orient. Au milieu, est un obélisque égyptien, élevé par Théodose, ainsi qu'il se voit par deux inscriptions, l'une grecque, l'autre latine, et par un bas-relief qui est sur le piédestal.

Les tombeaux des Sultans que l'on rencontre sur divers points de la ville, n'en sont pas le moindre ornement. On y a développé tout le luxe de l'or, de l'ivoire, des pierres précieuses et de la marquetterie. A défaut de bas-reliefs, de peintures historiques, on y voit des inscriptions nombreuses, en or, sur des fonds rouges ou bleus qui, à nos yeux, ne sont que des ornements. Mais plusieurs de ces monuments sont faits d'une architecture romaine qui paraît étrangère à tout ce qui l'environne, elle se montre nue et dans des proportions disgracieuses, elle est en désaccord avec tout ce que l'édifice renferme, avec les sarcophages, les meubles, les armures, les étendards, disparate choquant que l'on retrouve quelquefois dans le costume mélangé de diverses nations.

Parmi les objets dignes d'attention renfermés dans ces tombeaux, on remarque des volumes du Coran, manuscrits sur velin. La perfection de l'écriture, l'élégance des dessins, la vivacité des couleurs rendent ces livres très précieux, et ce n'est pas sans quelque peine que l'on voit le Turc ignorant, empressé de les montrer à l'étranger qu'il accompagne, laisser sur chaque feuille l'empreinte de ses mains.

Ailleurs, on nous a montré le sarcophage de Constantin Paléologue; il est creusé dans un bloc de porphyre dont les Turcs ont fait un réservoir.

L'entrée du sérail, ou la sublime porte, n'a rien du luxe qu'on a mis aux autres édifices. C'est un bâtiment d'un aspect vulgaire qui donne entrée à une première cour autour de laquelle sont rangées les écuries du Grand-Seigneur, le divan du Visir, l'église Ste-Irène, aujourd'hui l'arsenal, où l'on vous montre le sabre de Mahomet II.

Au fond de cette cour, nous vîmes la seconde porte située entre deux tours ; c'est là qu'on exécute les Visirs, nous ne pûmes aller au-delà.

Le lendemain de notre arrivée, nous allâmes au théâtre ; on y donnait un opéra italien, *la Norma*. Ce théâtre est situé dans le quartier des Francs, le Péra, où nous étions logés. Il est inutile de dire que nous n'y vîmes aucun Turc.

Nous eûmes soin, en nous y rendant, de nous faire précéder par un domestique portant une lanterne, car les rues de Constantinople ne sont point éclairées.

Les nombreux Francs qui habitent le Péra voulurent établir des reverbères à leurs frais et ce quartier éclairé contrastait avec la nuit profonde dans laquelle le reste de la ville était enveloppé. Un Pacha vint à y passer : Qu'est cela, demanda-t-il. Ce sont, lui répondit-on, des lanternes établies par les Francs pour se dispenser d'en porter une. — Je porte bien la mienne, répondit le Pacha ; qu'on les abatte toutes ; ce qui fut aussitôt exécuté.

Les étrangers ne manquent jamais de voir Constantinople du haut de la tour de Galata. Nous y montâmes. De son sommet se déroule, à la vue, un panorama admirable. Au midi, est la pointe du sérail, le palais des Sultans, c'est là qu'était l'ancien palais des empereurs Grecs, et la position de l'ancienne Bysance. En suivant l'horizon à l'occident se voient Ste-Sophie, la mosquée du sultan Achmet, le palais du Gouvernement, la mosquée d'Orosman, près du port la mosquée du sultan Boasir, la tour du Sérasquier, le palais du ministre de la guerre, la mosquée de Soliman, plus loin la mosquée des Princes, et en avant le palais des patriarches turcs, la mosquée de Mehemet, premier sultan de Constantinople, la portion de la ville appelée la Corne-d'Or, qui de la pointe du sérail s'étend le long du port où se jettent les eaux du Syndaris.

Au nord, sont les palais des ambassadeurs de France et de Russie, la mosquée de Tophana et celle du sultan Mamouth.

A l'orient, au-delà du Bosphore, se voient le palais de Belguerbé, Scutari et ses nombreux minarets ; enfin, revenant au midi, est l'embouchure du golfe de Nicomédie, et l'horison se termine du côté de l'Asie par le mont Olympe, couvert de neiges.

Nous esquissâmes quelques vues de ce vaste et admirable tableau, de cette Constantinople que toutes les puissances de l'Europe regardent d'un œil d'envie, et qui jusqu'à ce jour a trouvé sa sureté dans leur rivalité.

Un objet excitait alors vivement la curiosité, c'était un petit vaisseau à vapeur offert au sultan par le vice-roi d'Egypte. On aura une idée de sa richesse lorsqu'on saura que le chiffre de l'empereur était écrit en diamants du plus grand prix et que l'intérieur était resplendissant d'or et de pierreries. Le Sultan était allé le visiter, la barque qui le portait était conduite par vingt rameurs; à sa suite, en étaient d'autres montées par les grands de la cour.

Tout ce cortège de barques, fendant les ondes, se rendait au sérail au bruit du canon. Il fallait prudemment se tenir à l'écart; leur vitesse était telle que le moindre choc eût fait naufrager la chaloupe qu'elles auraient rencontrée.

Nous ne saurions parler de la beauté des femmes turques ; elles paraissent dans les rues voilées de manière à n'avoir de découvert que les yeux et une partie du nez, et sous l'ampleur de leurs vêtements on ne distingue aucune forme humaine.

Nous voulions emporter dans nos cartons quelques souvenirs de l'intérieur de la ville, mais nous ne pûmes satisfaire à ce désir. Les Turcs accueillent les dessinateurs à coups de pierre, et la moindre avanie qu'ils leur fassent est de les envelopper lorsqu'ils sont au travail, et de leur cacher obstinément la vue des objets en se plaçant dans la direction de leurs regards. C'est ce qui nous arriva, nous fûmes donc forcés de nous contenter du peu que nous avions pu recueillir. Pour surmonter ces obstacles, il faut louer, à prix d'argent, une place dans l'intérieur d'une boutique d'où la vue des objets ne puisse être masquée, mais nous n'avions ni le temps ni la volonté de prendre ce moyen.

Notre curiosité ayant été satisfaite par la vue générale de Constantinople et par la visite particulière de ses principaux monuments; peu désireux de demeurer plus longtemps au milieu de ce peuple stupide auprès duquel les Arabes du Kaire nous parurent des hommes civilisés, nous quittâmes Constantinople, M. Rey et moi, après quelques jours de séjour, et montâmes à bord du *Scamandre*, le 7 novembre, pour nous rendre aux Dardanelles et delà dans la plaine de Troie.

V.

Départ de Constantinople. — Les Dardanelles. — Halil-Eli Tymbré. — Tchiblack. — La plaine de Troie-Kemalli. — Alexandria Troas. — Erkessighi. — Sigée.

Il était cinq heures du soir, une épaisse vapeur était répandue sur le golfe et l'on ne distinguait qu'avec peine les objets placés à une faible distance. Notre navire était en marche, et déjà nous étions en face de la pointe du sérail, lorsque tout-à-coup nous ressentons une secousse violente accompagnée d'affreux déchirements; nous venions de heurter un brick anglais sur lequel nous avions été jettés par la force des courants. La proue de notre vaisseau brisa une partie du flanc du brick, une des vergues de ce dernier ravagea notre pont, rompit les cordages de la mâture, enleva le tambour de l'une des roues et jeta à la mer deux de nos chaloupes d'embarcation. L'effroi fut grand parmi les passagers, chacun cherchait à échapper au danger d'être écrasé par la chûte de quelque partie du mât, et les marins poussèrent des jurements épouvantables. Nous avions failli sombrer. De part et d'autre l'avarie fut considérable. Malgré cet événement, notre capitaine jugea que le vaisseau pouvait continuer sa route, il ne s'arrêta point, et, le lendemain, nous arrivâmes aux Dardanelles. Du milieu du détroit où le navire jeta l'ancre, nous voyions les pavillons des consuls de toutes les nations flottant sur leurs maisons rangées le long du port. Ayant pris terre, nous nous rendîmes chez le consul de France, M. Batus, né de parents français, en Syrie. Il nous fit accueil, nous procura un guide et des chevaux pour nous rendre dans la Troade, et nous obtint du Pacha un bouyouroldi pour tous ces parages, jusqu'à Alexandria-Troas. Un bouyouroldi est un sauf-conduit, une recommandation adressée par le Pacha à tous les employés de la province, un ordre de bien recevoir l'étranger qui en est porteur. Voici la traduction que nous en fit l'interprète du consulat de Smyrne, M. le baron de Nerciat. Nous ne la rapportons que comme un exemple de style turc.

« Les porteurs de ce bouyouroldi, les gentilshommes Français Chenavard et Rey, se rendant maintenant du côté du vieux Istamboul dans le but de faire des explorations, nous leur avons donné, nous qui sommes le gouverneur de la province de Biga et le gouverneur du détroit qui conduit dans la mer Blanche, nous leur avons donné ce bouyouroldi aux fins que personne ne s'opposât à leur trajet, afin qu'on les protégeât, suivant l'esprit des traités, et pour qu'on leur donnât partout les choses qui leur seront nécessaires pour leur subsistance, vivres et boissons pour leur argent. Vous aurez la plus grande attention de vous conformer aux prescriptions de ce bouyouroldi. Ainsi donc, lorsqu'ils seront arrivés avec la protection de Dieu, il faudra que vous agissiez conformément à la teneur de ces ordres, et que vous vous absteniez d'y contrevenir.

15 du mois de Cheval 1259. »

Cette pièce porte un cachet au centre duquel est le nom du Pacha, Esseid-Mohammed-Arif.

Nous partîmes ce même jour et arrivâmes le soir à Halil-Eli; nous fûmes reçus par l'Iman, prêtre Turc de ce village. Nous étions dans la vallée de Thymbré où, selon Homère, étaient campés les Lyciens, les Mysiens, les Phrygiens et les Méoniens. Là était un temple d'Apollon dont les ruines couvrent une surface de 62,500 mètres. On ne voit que tronçons de colonnes, que fragments de corniches, de chapiteaux doriques et corinthiens, que triglyphes de diverses grandeurs, plusieurs bas-reliefs représentant la Victoire dans un char, tenant des couronnes et des palmes. Cette quantité innombrable de fragments, la diversité des modules et des ordres donnent lieu de penser que ce temple était un périptère dorique, qu'il était hypètre, et que les colonnes intérieures étaient d'ordre corinthien ; que la frise sous les portiques était ornée de bas-reliefs, et qu'il avait une enceinte formée par un péristyle dont les colonnes étaient d'un diamètre plus petit que les colonnes du temple. Nous n'avons pu dans nos dessins représenter qu'une partie de ce vaste ensemble, mais nous avons recueilli avec soin les fragments qui offraient le plus d'intérêt, et qui pouvaient appuyer nos conjectures.

Nous n'y avons découvert qu'une seule des trois inscriptions grecques, rapportées par Lechevalier ; c'est celle-ci : « La tribu Atalide honore Sextus Julius, premier magistrat de la ville, préfet de la cohorte Flavienne, qui présida les jeux du gymnase, et qui, le premier, distribua aux Sénateurs et à tous les citoyens l'huile pour l'onction dans les bains. »

A deux tiers de lieue d'Halil-Eli, au sud, est le village de Tchiblack, où sont les ruines éparses d'un monument en marbre. On y voit des fûts de colonnes doriques et ioniques, des chapiteaux doriques grecs, avec cette particularité que nous avions observée dans les ruines d'Halil-Eli, que le tailloir est couronné par une moulure à l'instar des chapiteaux romains.

On y remarque la corniche dorique de l'angle inférieur d'un fronton et une grande palmette d'angle d'un couronnement d'édifice; nous n'y avons trouvé qu'un seul fragment d'inscription, mais qui présente cet intérêt, d'avoir pour objet le même Sextus Julius, premier magistrat de la ville, préfet de la cohorte Flavienne, honoré par la tribu Alexandride. »

La fin de l'inscription manque, et l'on ne peut savoir si l'honneur qui lui était rendu avait la même cause que dans la précédente inscription par la tribu Atalide.

Après une demi-heure de marche au sud de Tchiblack, nous arrivâmes sur les bords du Simoïs. Les eaux en étaient peu profondes, il était facile de le passer à gué; mais sa largeur et la hauteur de ses rives témoignent assez qu'au temps des pluies abondantes ou de la fonte des neiges, ce fleuve s'enfle et doit devenir un torrent qu'on ne saurait traverser autrement que sur l'un des ponts qu'on a jetés sur son lit.

Depuis son embouchure jusqu'auprès de la ville de Troie, le Simoïs coule dans la plaine, son cours tranquille est ombragé par de grands arbres dont les rameaux s'étendent de l'une à l'autre rive; plus haut, il roule dans les gorges profondes du mont Ida.

Nous le traversâmes au dessus du point où il se réunissait au Scamandre, avant que le cours de celui-ci eût été détourné.

Le Scamandre, moins long et moins rapide que le Simoïs, eut cependant, au temps d'Homère, le privilège de conserver son nom jusqu'à la mer; au confluent de leurs eaux, le Simoïs perdait le sien.

Deux causes ont pu y donner lieu ; le Scamandre est formé par des sources nombreuses qui ne tarissent jamais, au lieu que le Simoïs, pendant les ardeurs de l'été, n'est plus qu'un ruisseau, et les Troyens ont dû avoir pour celui des deux fleuves qui prenait sa naissance près des murs de leur ville, une affection particulière; d'ailleurs, ils le croyaient fils de Jupiter. La veille de leur mariage, les jeunes filles allaient offrir à ce Dieu les prémices de l'hymen; les arbustes épais dont ses sources sont couvertes pouvaient favoriser l'imposture d'un mortel qui s'offrait à leurs regards le front ceint de roseaux. Ainsi s'accomplit l'aventure de Cimon et de Callirhoë.

Nous allâmes à la recherche des sources chaudes dont parle Homère, lorsqu'il dit « qu'Hector épouvanté fuyant devant Achille arrive vers les sources du Scamandre dont l'une roule une onde chaude, où furent construits de beaux et vastes bassins de marbre, où les femmes des Troyens venaient laver leurs vêtements, aux jours de la paix avant l'arrivée des Grecs. »

Notre guide, aidé d'un Turc de Bounarbachi, nous conduisit à un bassin où se jetaient les eaux d'une source abondante, sortant comme les sources froides du dessous des rochers. Des femmes turques y lavaient leurs vêtements; à leur aspect, nos deux guides s'arrêtèrent, les femmes se retirèrent avec précipitation, et nous pûmes approcher.

Nous reconnûmes, en y plongeant la main, que la température de ces eaux était plus élevée que celle de l'air extérieur; nous étions ce jour-là au 10 novembre, mais l'impression était peu sensible.

Cette partie des eaux, après s'être répandue sur une assez large surface, et avoir formé une espèce de marais, se joint aux eaux des sources froides pour couler réunies dans le lit du Scamandre.

Près des sources de ce fleuve est le village de Bounarbachi, situé sur l'emplacement de Troie, à l'endroit des portes Scées, ou portes du Couchant. De ce lieu, nous dirigeant à l'orient, nous passâmes par l'Erineos ou colline des Figuiers sauvages. De là, le terrain s'élève graduellement jusqu'au Pergama ou Citadelle, qui domine à pic sur les profondeurs où roule le Simoïs, et rend la ville inaccessible par ce côté.

Ainsi, le char d'Achille traînant le corps d'Hector,

ne put faire le tour des murailles de Troie, mais il passa trois fois sous ses murs, en traçant par trois fois dans la plaine sa course circulaire.

Sur le Pergama sont trois tombeaux, dont l'un est celui d'Hector que les Troyens avaient élevé dans l'enceinte de la ville. Les champs cultivés qui occupent le sol de Troie sont semés d'éclats de pierre et de marbre sans aucune forme; ils proviennent évidemment de constructions ruinées de fond en comble. Les monuments de l'antique Troie ont servi de carrière pour la construction de la nouvelle Ilium fondée cinq à six siècles après son renversement, non loin du village de Tchiblack, dont nous avons parlé, et pour celle d'Alexandrie Troyenne. Ainsi disparut la ville de Priam, et le lieu qu'elle avait occupé resta même longtemps ignoré.

Nous quittâmes un instant les bords du Scamandre pour nous rendre sur les ruines d'Alexandria-Troas. Arrivés sur la fin du jour au village de Kemalli, nous fûmes contraints d'y séjourner. Le lendemain était jour de Sabbat, et notre Drogman juif voulut s'arrêter.

L'Iman nous accueillit, nous conduisit à la mosquée, fondée sur des débris de colonnes. Dans la cour qui la précède, nous trouvâmes un chapiteau dorique et deux fragments d'inscriptions latines, qui ne présentent plus aucun sens, mais qui se rapportent à Claude.

Peu après notre sortie de ce village, nous entrâmes dans une vaste forêt que parcourent quelques sentiers faiblement marqués. Le premier monument que nous découvrîmes, ce furent les restes d'un aqueduc construit par Hérode-Atticus, gouverneur des villes libres d'Asie, au temps d'Adrien. Il en existe une longue suite de piliers détruits jusqu'à peu de hauteur du sol ; ils étaient faits en grands blocs qui ont été enlevés pour être employés à la construction d'autres monuments.

A peu de distance de l'aqueduc et le long d'un petit torrent se trouvent des bains d'eau thermale. Deux grands bassins sont construits dans deux édifices séparés. Ces eaux sont ferrugineuses et leur température est élevée au point qu'on ne peut en supporter la chaleur avec la main, à l'endroit où l'eau surgit du sol.

Près de ces bains sont des pans de murailles renversés dont les parements présentent l'*opus reticulatum*, indice d'une construction romaine; nous avons cru y reconnaître des thermes auxquelles ont succédé les deux bassins actuels qui sont évidemment des ouvrages turcs.

Nous suivîmes dans cette forêt une voie tracée

au travers de nombreuses ruines de tombeaux : nous étions dans la nécropole d'Alexandria.

Il ne reste plus de ces monuments que les blocages en maçonnerie; tous les revêtements en pierre ou en marbre en ont été enlevés, et toutes les formes architecturales détruites. Parmi ces tombeaux est une chambre sépulcrale dont les murs présentent aussi sur leur surface l'*opus reticulatum* romain. A la suite de celle-ci on voit les traces de plusieurs autres chambres pareilles, disposition qui rappelle les tombeaux découverts à la villa Corsini de Rome. Nous trouvâmes encore deux massifs de construction placés l'un près de l'autre, composés chacun d'une tour circulaire élevée sur un soubassement carré. M. de Choiseul a cru y voir les restes d'une porte de la ville; nous pensons que ce sont deux tombeaux; leurs formes rappellent, dans des dimensions moins grandes le tombeau de Cécilia Métella. Des arbustes rampent aujourd'hui sur ces monuments et les déroberont bientôt à la vue. Des chênes séculaires les soulèvent de leurs racines, et hâtent leur destruction déjà précédée de l'oubli des noms auxquels ils étaient consacrés.

Nous entrâmes dans la ville par une brèche pratiquée dans son mur d'enceinte.

Le premier édifice que l'on rencontre du côté d'orient, sont des Thermes construits en grands blocs et par assises régulières. On y trouve les dispositions principales adoptées par les Romains dans ces édifices, la grande salle, les salles adjacentes et les espaces entourés d'arcs qui environnent le corps du monument.

Près des Thermes et au sud, sont les restes d'un bassin circulaire; son hémicycle est couvert par une demi-coupole, ainsi qu'une vaste niche. A l'extérieur, on voit les restes de l'aqueduc qui y apportait les eaux, et l'on remarque dans l'épaisseur des murs les conduits par lesquels l'eau tombait de l'aqueduc dans le bassin.

Cet édifice a donc eu le double objet d'être un château d'eau, et de servir à l'ornement de la ville.

Au sud des Thermes, est le théâtre : il est adossé à un sol pentif et disposé en demi-cercle par la nature. De son sommet, la vue s'étend à l'ouest sur la mer Egée, et se termine au nord par l'île de Ténédos. Aux deux extrémités de l'hémicycle, se voient encore les salles de la scène ; quelques gradins dépouillés de leurs revêtements sont en place, d'autres sont renversés. Parmi ces débris on remarque quelques parties de murs revêtus de l'*opus reticulatum* et des fûts de colonnes en granit.

Les murs d'Alexandria-Troas sont presque entièrement conservés, ils sont formés de grands blocs par assises horizontales et flanqués de tours. Leur étendue donne à la ville un circuit de deux lieues et demie.

Cette ville fut fondée par Alexandre, et, pour la distinguer des autres villes qui portaient son nom, elle fut appellée Alexandria-Troyenne. Elle reçut, sous Auguste, une colonie romaine et prit sur les médailles le titre de Colonia Augusta. Saint Paul y demeura sept jours et y ressuscita Eutyque.

Alexandria devenue riche et puissante par la protection des Romains, par l'affection particulière de César, qui avait formé le projet d'y transporter les richesses de l'empire, par celle d'Auguste qui en eut lui-même le desir et par celle d'Adrien, perdit toute son importance lorsque le siége de l'empire Romain fut établi à Byzance ; on détruisit ses monuments pour en employer les débris précieux à la construction et à l'embellissement de Constantinople. La proximité de la mer et la facilité des transports lui furent fatales. C'est ainsi qu'Alexandria fut effacée du nombre des villes, que son nom fut oublié et ses ruines méconnues à tel point qu'elles ont été prises par Spon et par d'autres voyageurs, pour être celles de Troie et l'édifice des Thermes pour le palais de Priam.

Nous quittâmes l'enceinte peu sûre que nous venions de parcourir, pour aller chercher un gîte à

Talian, village composé de quelques maisons situées sur le bord de la mer.

Notre guide nous devança pour demander à un Turc si nous pourrions loger chez lui; sur sa réponse affirmative, on nous fit signe de nous arrêter pour donner à sa femme le temps de quitter sa maison et de s'en éloigner; nous la vîmes en humble esclave emporter son enfant, et nous, sous l'impression d'un sentiment pénible, nous prîmes place au modeste foyer qu'elle venait de quitter par l'ordre de son maître qui, le lendemain, nous fit payer avec usure l'hospitalité qu'il nous avait donnée.

De là, nous dirigeant vers le cap Sigée, nous allâmes visiter le tombeau d'Ilus, fils de Tros, et fondateur d'Ilion. Ce tombeau est le plus grand de tous ceux qui se voient dans la plaine de Troie; placé sur une colline, le Throsmos d'Homère, il la domine et est aperçu au loin.

C'était sur le tombeau d'Ilus qu'Hector tenait conseil avec les généraux troyens; c'est de ce tombeau que Pâris, caché derrière la colonne qui le décorait, blessa Diomède d'un coup de flèche.

Du tombeau d'Ilus, nous nous rendîmes au village d'Erkessighi, autrefois résidence du capitan Pacha ou amiral turc, et aujourd'hui de l'Aga. Dans la vaste cour de son habitation, nous découvrîmes un fragment de marbre employé comme première marche d'un escalier extérieur ; on y lit en grands et beaux caractères ces deux mots : POMPONIAE VXORI. Sur la place du village auprès de la mosquée, est un grand tombeau en marbre blanc apporté des ruines d'Alexandria ; sa longue inscription grecque nous apprend qu'il était la sépulture d'une famille de cette ville.

Ce tombeau avait été observé par M. de Choiseul, et, depuis ce voyageur, il n'a point changé de position : il sert au même usage. J'en copiai avec soin les caractères, les ligatures nombreuses et la disposition des lignes. Cette inscription offre cette particularité, que la première ligne était écrite en caractères latins : on y lisait : MARCVS PAVLINVS AELIVS AVRILIVS. Cette ligne n'existe plus sur le tombeau ; Lechevalier l'avait trouvée à Alexandria, parmi les morceaux que les Turcs avaient détachés du sarcophage pour le réduire à la dimension qui leur convenait.

Paulinus avait fait élever ce tombeau pour sa famille et pour lui, et dévouait à la vengeance de ses concitoyens celui qui aurait l'audace de l'ouvrir et d'y déposer un corps étranger.

D'Erkessighi, nous nous dirigeâmes sur le cap de Troie où nous apparaissait le tombeau de Pénélée, l'un des chefs des Bœotiens, qui fut aussi l'un des prétendants d'Hélène ; pour y arriver, nous traversâmes, sur un pont de bois, le Scamandre qui coule dans un canal de cinq mètres de largeur et se jette dans la mer, au sud de ce tombeau.

En suivant le rivage dans la direction du nord, après avoir passé au tombeau d'Antiloque, nous arrivâmes à Sigée, bâti sur un cap élevé au dessus de la mer.

Nous ne pûmes y découvrir les restes de cette inscription dite Sigéenne, la plus ancienne inscription grecque connue que Lechevalier avait vue à la porte d'une des églises, et qui ne contenait plus que ces deux mots : ΦΑΝΟΔΙΚΟΣΕΙΜΙ elle était tracée en lignes boustrophédoniennes, c'est-à-dire imitant le retour des bœufs qui labourent un champ. Chandler l'avait vue entière et l'avait copiée ; elle avait pour objet le don d'un cratère fait au Prytanée des Sigéens par Phanodique, fils d'Hermocrate le Proconésien.

Près de la même porte était aussi un bas-relief d'une belle exécution : il représentait une femme assise à qui des nourrices semblaient présenter des enfants emmaillotés.

Les restes de l'inscription et le bas-relief ont disparu, l'église même a été détruite.

On rencontre dans les rues de Sigée quelques fragments de colonne et une base en marbre d'ordre ionique, percée et servant d'orifice à un puits.

A peu de distance de ce cap, au nord, sont deux monuments rapprochés du rivage : le plus grand est le tombeau d'Achille, l'autre est celui de Patrocle.

Le tombeau d'Achille a 166 mètres de circonférence; il porte les indices des fouilles qui y ont été faites en 1787 par l'ordre de M. de Choiseul, alors ambassadeur de France à Constantinople, et qui produisirent la découverte d'une figure en bronze de Minerve, et de plusieurs vases cinéraires de terre cuite que M. Batus, consul de France aux Dardanelles, nous a dit avoir vus.

Le tombeau de Patrocle est moins élevé : l'un et l'autre monument ont leur sommité abattue.

Nous prîmes la vue de ces tombeaux, et durant ce travail, il nous fallut braver la pluie et un froid intense, car nous allions quitter, pour ne plus les revoir, ces parages célèbres et pourtant peu visités à cause des difficultés que ce voyage présente et des dangers même qu'on y peut courir.

Si nos recherches n'ont pu ajouter aux découvertes faites par les illustres voyageurs dont les savantes dissertations nous ont servi de guides, nous pouvons du moins certifier l'exactitude de leurs descriptions, et nous aurons rapporté de ces lieux des images fidèles.

Nous quittâmes Sigée pour nous rendre aux Dardanelles; immédiatement après avoir passé le village de Koumkalessi ou Château d'Asie, nous traversâmes le Simoïs près de son embouchure, et ne tardâmes pas d'arriver au cap Réthée, en vue du tombeau d'Ajax, le plus grand des tombeaux que les Grecs aient élevés devant Torie ; je me hâtai de le gravir.

A son sommet, on voit quelques restes de construction, mais dans un tel état de ruine, qu'on ne saurait en tirer aucune induction sur leur disposition première.

Vers les deux tiers de la hauteur de ce monument, du côté du sud, est l'entrée d'une voûte de deux mètres de largeur sur cinq mètres de longueur; les voussoirs en sont formés par des moëllons dont les joints se dirigent vers le centre du demi-cercle, ce qui constitue la connaissance de l'appareil des voûtes. Cette première galerie se resserre et en présente une seconde pareillement voûtée, n'ayant que 1 mètre 35 cent. de largeur ; elle cesse à environ 5 mètres de profondeur ; l'encombrement ne permet pas d'aller plus loin.

Philostrate dit que ce travail fut fait par l'ordre de l'empereur Adrien qui, visitant la Troade, avait vu le squelette d'Ajax en danger d'être détruit. Ainsi donc ce monument, malgré sa haute antiquité, ne dément point l'opinion reçue jusqu'à ce jour, que les Romains sont les inventeurs de l'ingénieux système de construction des voûtes. Ce tombeau était surmonté d'un petit temple, l'Aiantheion ; on y voyait la statue d'Ajax, qu'Antoine enleva et offrit à Cléopâtre.

Après avoir longtemps cotoyé la mer, tantôt par un sentier étroit baigné par les vagues, adossé à un rivage élevé à pic, tantôt en suivant les bords d'une corniche suspendue sur la mer, nous arrivâmes aux Dardanelles poursuivis, assaillis par un orage affreux. Ainsi venait de se réaliser le rêve de toute notre vie : nous venions d'exécuter un voyage où, pour suppléer au temps qui nous manquait, nous avions déployé une ardeur infatigable, tout entiers au présent, sans nul souci de l'avenir ni des continuels obstacles, ni des privations de toute sorte que nous étions depuis longtemps accoutumés à supporter.

VI.

Départ des Dardanelles. — Éphèse. — Smyrne.

Le 15 novembre, nous nous remîmes en mer sur un vaisseau autrichien qui devait toucher à Smyrne; nous débarquâmes le lendemain dans cette ville. Notre premier soin fut de visiter notre consul, M. de Ségur, à qui nous fîmes part de notre projet d'aller à Éphèse. Après nous avoir parlé de l'insalubrité de la plaine d'Éphèse, des émanations pestilentielles qui s'élèvent de ses marais et du danger d'y faire un séjour, il nous donna les instructions dont nous avions besoin pour effectuer ce voyage dans une contrée fréquentée par des malfaiteurs. Ayant pris un drogman, et nous étant munis de chevaux, nous nous mîmes en marche.

A une demi-journée de Smyrne, commence la double chaîne des monts Corissus et Gallésius, laissant entre eux une grande vallée que parcourt le Kaystre dont le cours sinueux ressemble à celui du

Méandre et lui en a fait quelquefois donner le nom.

Nous ne marchions plus qu'avec des escortes : c'est une espèce de milice libre qui occupe dans ces plaines désertes des postes placés à des intervalles de deux lieues. Ces soldats sans uniforme, fumant et buvant le café, accompagnent les voyageurs moyennant une rétribution, estimant qu'il leur est aussi profitable et plus sûr d'en agir ainsi que de s'organiser par bandes pour les dévaliser. Cette route est celle que suivent les caravanes venant d'Alep pour se rendre à Smyrne et aux Dardanelles. Nous en rencontrâmes plusieurs. Le conducteur, monté sur un âne, précède cette longue suite de dromadaires qui, dans leur marche lente et mesurée, mais qui ne se ralentit jamais, traversent en peu de temps de vastes pays. Le rocher que le voyageur foule au pied est de marbre cipolin, mais le sol sans culture ne produit plus que des ronces et des lauriers-roses, auxquels l'œil qui y est accoutumé n'ajoute plus aucun prix.

Enfin, après avoir traversé le Kaystre sur un pont de trois arches, nous entrâmes dans la plaine d'Éphèse dont nous apercevions au loin l'acropole. Cette ville, à laquelle toute l'Asie cédait le premier rang, la patrie de Xénodote, d'Héraclite, de Parhasius ; qui possédait tant de somptueux monuments, n'est plus qu'un misérable village sous le nom d'Aiasalouk, que les Turcs donnent à saint Jean l'évangéliste, fondateur de l'église grecque d'Ephèse. Un seul Kan existe près d'une petite mosquée ; c'est là qu'au milieu de quelques Turcs indolents nous établîmes notre demeure.

Au sud de la chaine du Corissus sont des ruines considérables de Thermes dont n'ont fait mention ni M. de Choiseul, ni Spon ; nous en levâmes les dessins. De là, en nous dirigeant vers la mer parallèlement au fleuve, nous vîmes la grotte des sept Dormants, qui s'y réfugièrent pendant la persécution de Dioclétien ; cette grotte fut transformée en église par les chrétiens. Plus loin, est un hippodrome dont les gradins s'appuyaient, d'un côté, sur les flancs de la montagne, et, de l'autre, sur des voûtes multipliées ; une voie antique le sépare de l'Athénéum ou école publique. La disposition des ruines de ce dernier édifice présente trois grandes salles accompagnées de divers compartiments d'une moindre étendue. Puis on arrive au théâtre adossé à la montagne : son vaste hémicycle, ainsi que les murs droits de la scène, est formé de grands blocs en pierre et en marbre ; ce théâtre, un des plus grands que nous ayons rencontrés, pouvait contenir trente mille spectateurs.

Nous desirions vivement retrouver l'emplacement, et, s'il se pouvait, quelques restes du temple de Diane ; mais un marais profond formé par les eaux du Kaystre, occupe le sol de ce temple fameux. Les débris de sa riche architecture y sont enfouis, ou ont été enlevés par les empereurs grecs pour l'ornement de Constantinople.

Sur les bords de ce marais sont encore quelques fragments de corniches ornés que nous nous sommes empressés de dessiner.

Ce temple, dont Vitruve nous a conservé les dimensions générales, le nombre et la grandeur des colonnes, et qui fut regardé comme une des sept merveilles du monde, est entièrement disparu. Il était d'ordre ionique, et le premier temple où cet ordre ait été employé.

Il avait été construit, au sixième siècle, avant Jésus-Christ, par Crésus de Lydie et Ephésus, qui donna son nom à la ville. Ctésiphon et Métagène en furent les architectes. Brûlé par Erostrate en 356 avant Jésus-Christ, il fut reconstruit par Dinocrate, et jusqu'à sept fois selon Pline.

Nous montâmes aux ruines d'une tour carrée nommée prison de Saint-Paul. Les murs en sont formés de grands blocs, et leur épaisseur est de 1 mètre 60 centimètres ; l'intérieur est partagé en quatre cellules qui communiquent entre elles. La forme ogivale des portes ne permet pas de faire remonter cette construction au temps de saint Paul; elle annonce une époque sarrasine, mais c'est une tradition parmi les Grecs, et nous avons cru devoir en garder le souvenir dans nos cahiers.

Un long aqueduc formant encore une suite de quarante-six piliers, dont sept sont couronnés de leurs arcs, conduisait les eaux de la Fontaine Alipia à un réservoir placé sur le mont Pion, d'où elles se distribuaient dans les divers quartiers de la ville. Cet aqueduc a été construit avec les débris d'édifices déjà tombés en ruines; on ne voit que fragments de bas-reliefs en marbre, d'inscriptions grecques et latines employées pour revêtements. Plusieurs de ces débris d'inscriptions portent le nom de Marc-Aurèle.

En général, les ruines d'Ephèse sont de l'époque romaine; nous n'y avons trouvé que peu de débris d'architecture purement grecque.

Tous les voyageurs qui ont visité les ruines d'Ephèse, citent la porte de la Persécution; c'est un grand arc appuyé de forts piédroits et couronné d'un haut attique. Cette porte donne entrée à la citadelle et n'a rien qui rappelle les persécutions contre les chrétiens. Un bas-relief représentant Hector traîné au char d'Achille, que les Grecs ont pris pour le supplice d'un martyr, a donné lieu à cette fausse dénomination. Ce bas-relief a été enlevé par des

Anglais. Il en reste encore un d'une moindre étendue représentant une bacchanale.

Dans la construction de cette porte, on voit des marbres et quelques fragments d'inscription qui ont appartenu à d'autres édifices.

Le monument le plus remarquable qui reste des temps chrétiens à Éphèse, est l'église de Saint-Jean : c'est un vaste édifice couvert d'une coupole soutenue par quatre colonnes de granit, suivant la disposition habituelle des églises grecques.

Transformée en mosquée, elle offre aujourd'hui un mélange d'architecture du Bas-Empire et d'architecture arabe.

Après six jours passés à Éphèse, nous reprîmes la route de Smyrne, luttant contre un vent glacé du nord. Nous y arrivâmes dans le cours de la deuxième journée, et, en attendant une occasion pour notre départ, notre temps fut employé à la recherche des antiquités de cette ville.

L'ancienne Smyrne fut une des douze villes qui appartenaient aux Éoliens ; elle était située à deux milles et demi au sud de la nouvelle, le long de la mer. Elle fut assiégée et conquise par les Ioniens assemblés à Colophon. La Smyrne actuelle fut bâtie par Alexandre ou plutôt par ses généraux, Antigone et Callimaque. Elle est arrosée par le fleuve

Mélès, qui doit sa célébrité à Homère qui, dit-on, naquit sur ses bords.

Les murs de la citadelle, construite sur le mont Pagus, offrent, du côté de la ville, une portion de travail cyclopéen. C'est là sans doute qu'était la ville dont la fondation est attribuée à l'amazone Smyrne, et qui devint l'acropole de la ville d'Alexandre. A l'entrée de la citadelle est un sarcophage en marbre, dont les faces sont ornées de têtes de Méduse et de guirlandes soutenues par des victoires. Au dessus de ce tombeau, est enclavée dans la muraille une tête colossale antique, que les Smyrniens disent être celle de l'amazone fondatrice de leur ville. Cette tête, malgré les mutilations qu'elle a souffertes, porte les traces d'un ciseau grec et une fierté de style qui appartient à la statuaire du temps de Phidias.

Au dessous de la forteresse, sur la pente du mont Pagus, d'où la vue s'étend sur la ville et sur le golfe, se voient les ruines d'un théâtre d'une grande étendue; nous nous empressâmes d'en relever des dessins. Une des salles de la scène existe encore : sa voûte est entièrement formée de grands blocs. Chacun des voussoirs, non seulement à la tête de la voûte, mais encore dans toute la longueur et le développement du berceau, est appareillé avec un crochet qui rend impossible leur glissement.

Spon trouva à l'endroit de la scène une base de statue où était gravé en caractères grecs le mot CLAVDIVS; on pourrait en inférer que ce théâtre a été construit ou restauré par cet empereur.

Enfin, nous avons recueilli ce que Smyrne renfermait d'autres antiquités, telles qu'une suite de piliers carrés auxquels venaient s'adapter des demi-colonnes; ces piliers nous ont semblé être les restes d'un portique en arcades. Nous avons aussi recueilli quelques chapiteaux en marbre d'ordre dorique grec, d'un style pur, qui ont été percés pour servir d'orifice à des puits.

Smyrne, dont saint Polycarpe fut évêque dans le premier siècle, est la ville la plus considérable de l'Asie-Mineure : elle peut contenir soixante mille habitants. Le quartier des Francs est le plus peuplé, ses magasins offrent des ressources que nous n'avons point rencontrées ailleurs, si ce n'est à Constantinople.

Toutefois, les objets qu'on y trouve sont d'une qualité inférieure, surtout la quincaillerie et les instruments de mathématique.

Après quelques jours d'attente, arriva de Constantinople le navire qui, trois mois auparavant, nous avait portés de Marseille à Malte; nous nous y embarquâmes le 30 novembre, pour nous rendre en Egypte.

VII.

Départ pour l'Égypte. — Alexandrie. — Le Kaire.

Nous nous rendîmes à l'île de Syra ; le vaisseau que nous espérions trouver dans ce port, pour nous transporter en Égypte, n'était pas arrivé, et le capitaine de notre navire qui avait sa destination pour Malte, voulant continuer sa route, nous déposa sur la plage du Lazaret. Vainement nous attendîmes jusqu'à la nuit au pied de ces tristes murailles, la pluie survint et nous obligea d'y demander un asile.

A notre sollicitation, le gouverneur du Lazaret nous fit ouvrir la porte de la vaste cour qu'entoure la demeure des étrangers. Là, couchés sur la dalle d'une froide cellule, et, sous la surveillance d'un gardien, nous fîmes un essai du séjour qui nous y attendait plus tard.

Le lendemain, arriva le *Scamandre* ; nous nous

hâtâmes de nous y embarquer. Pendant deux jours, nous naviguâmes au travers des Cyclades, et, le troisième, nous découvrîmes l'île de Crète et la longue chaîne du mont Ida couvert de neige. La mer qui est toujours agitée dans ces parages et le vent du sud qui soufflait avec force retardaient notre marche; enfin, le 5 décembre, à quatre heures du matin, nous aperçûmes un feu à l'horizon; c'était le Phare d'Alexandrie. Déjà nous pouvions distinguer, sur cette plage basse de l'Egypte, le palais du vice-roi et la colonne de Pompée. Il nous fallut louvoyer, en attendant l'arrivée du pilote égyptien qui devait prendre la conduite du navire.

Les approches d'Alexandrie sont dangereux par les récifs qui longent les côtes, et qui barrent l'entrée des deux ports que sépare la ville. La mer se brise sur ces rochers à fleur d'eau; on les distingue à de longues traces blanchissantes d'écume; une manœuvre inhabile pourrait y jeter un vaisseau qui périrait infailliblement.

Ce ne fut donc pas sans utilité que Ptolemée-Philadelphe fit élever ce phare de quatre cents pieds de hauteur, réputé l'une des sept merveilles du monde. Cet édifice, dont la ruine est à déplorer, se voyait encore au XIIIe siècle; au XVe, il n'existait plus. Il était placé sur l'île de Pharos dont il prit le nom qui est passé à toutes ces tours élevées sur les rivages et dont les feux servent à éclairer les navigateurs.

Homère avait fait de cette île le séjour de Protée que Ménélas, par l'avis de la nymphe Idotée, consulta sur sa destinée et sur celle des Grecs revenus de Troie.

L'île de Pharos tient aujourd'hui au continent; l'intervalle a été comblé par les attérissements formés par la branche canopique du Nil.

A notre débarquement, nous fûmes assaillis par les porte-faix et par une multitude de conducteurs d'ânes ; il nous fallut prendre une de ces montures, et nous descendîmes à l'hôtel de l'Europe, situé sur la grande place.

Alexandrie a un aspect européen. Les relations nombreuses entre cette ville et toute l'Europe semblent avoir modifié la physionomie de ses habitants et façonné leurs usages sur les nôtres.

Au milieu d'Alexandrie, il ne semble point que l'on soit en Egypte, il faut remonter le Nil.

Par l'importance que lui donne sa position, aucune ville ne pourrait prétendre à une plus haute fortune qu'Alexandrie ; mais les kalifes qui bâtirent le Kaire, en 969, firent de cette dernière ville la capitale de leur empire, et, sous leur règne, le sort d'Alexandrie s'embellit peu.

Sous l'administration ottomane, destructrice de toute prospérité, sa ruine fit des progrès rapides;

elle fut augmentée encore par la découverte du cap de Bonne-Espérance qui détourna de la voie d'Alexandrie le commerce des nations occidentales de l'Europe pour se rendre dans l'Inde. Mais le commerce de l'Europe avec l'Inde prend de nouveau la voie de l'Egypte. La navigation sur le Nil améliorée, et le chemin établi du Kaire à Suès rendront à Alexandrie les avantages qu'elle avait perdus.

Les monuments antiques se trouvent dans l'enceinte de la ville d'Alexandre qui ne présente que des décombres; la ville moderne qui leur est contigüe, a été bâtie sur l'isthme qui sépare les deux ports et qui s'étend jusqu'au phare.

Des deux obélisques nommés aiguilles de Cléopâtre, l'un est debout, l'autre est renversé. Ce dernier a ses faces de largeurs inégales. Deux d'entre elles ont chacune deux mètres vingt centimètres de largeur, et les deux autres un mètre vingt centimètres seulement, exemple rare et qui n'avait été observé qu'à l'obélisque du Crocodilopolis.

Il est vraisemblable que ces deux obélisques sont ceux dont Pline fait mention; ils étaient près du marché devant le Césareum ou temple, qui fut élevé à César, après sa mort, par Antoine et Cléopâtre. Le troisième édifice le plus remarquable est la colonne de Pompée; son fût est d'un seul bloc en granit, son chapiteau est corinthien, mais les feuilles ne sont qu'en masse.

Ce monument, situé sur une vaste place couverte de ruines, domine toute la ville. La dénomination de colonne de Pompée lui a été faussement donnée; il est peu vraisemblable qu'on eût élevé un tel monument à la mémoire de cet illustre chef d'un parti vaincu. Il est maintenant reconnu que cette colonne est celle de Sevère; elle fut ensuite dédiée à Dioclétien, génie tutélaire d'Alexandrie, par un Pompeïus, préfet; d'où lui est venu le nom de colonne de Pompée. C'est ce que témoigne une inscription grecque, difficile à apercevoir, gravée sur le socle de sa base. La partie inférieure de la colonne et le piédestal sont couverts de noms obscurs grossièrement tracés en rouge et en noir, dont les lettres ont quelquefois seize centimètres de hauteur.

Il est remarquable que, à l'époque de l'expédition française en Égypte, les membres de la Commission scientifique trouvèrent, sur le chapiteau de la colonne, une petite plaque en fer battu, sur laquelle était le nom de Fauvel, ancien consul de France, à Athènes; elle portait la date de 1789. Fauvel disait avoir mesuré la hauteur du monument, et l'avoir trouvée de quatre-vingt-six pieds neuf pouces.

Nous apprîmes qu'un bateau à vapeur partait pour le Kaire ; nous nous hâtâmes d'en profiter. Le plus grand nombre de passagers se composait d'Anglais, qui allaient s'embarquer à Suèz, pour passer aux Indes, et de quelques Français, parmi lesquels nous reconnûmes M. le baron Duhavelt et son épouse. Il serait difficile d'exprimer le bonheur qu'on ressent à retrouver, sur une terre lointaine, un ancien compagnon de voyage; ce n'est plus un étranger; c'est une portion de sa propre famille, et l'on cesse d'éprouver cette sorte d'isolement dont le poids bien souvent vous accable.

En nous entretenant sur les divers sujets de notre voyage, nous remontions le canal qui prend sa source au village d'El-Atfé ; à notre droite, était le lac Maréotis, et, à gauche, étaient des eaux répandues sur une vaste surface, reste de l'inondation du Nil.

Cette partie de l'Egypte, n'offre aux yeux qu'une plaine, dont aucune élévation ne vient rompre l'uniformité.

Sur les bords du canal, sont placés quelques villages composés de huttes en terre, à toitures horizontales, et quelquefois légèrement inclinées, entrecoupées de palmiers et d'acacias.

A sept heures du soir, nous parvînmes au Nil, les eaux en étaient jaunes. Dans leur plus grande limpidité, elles paraissent encore verdâtres. De nombreuses barques chargées de grains, descendaient le fleuve ; d'autres le remontaient à la voile.

Le Nil est une source de vie ; tout paraît animé sur ses bords, tandis qu'au loin tout est silencieux, immobile. De nombreux villages se succèdent, et se groupent pittoresquement avec des palmiers, des arbres verts de l'espèce du pin, et de hauts mûriers d'une verdure foncée.

Fouah est le village le plus considérable que nous ayons rencontré, depuis Alexandrie jusqu'au Kaire. Sa principale industrie est la fabrication des bonnets de couleur rouge, de la forme du fessi grec.

Nous naviguâmes toute la nuit et le lendemain. Pendant que nous considérions cet horizon dont la monotonie a quelque chose de solennel, ces villages, leurs habitants indolemment assis ; pendant qu'avides de recueillir ces souvenirs, nous esquissions ces tableaux si caractéristiques, nos voyageurs anglais que les fumées du vin avaient mis en gaieté, exécutaient, sur le pont, les danses britanniques d'anguleuse allure que leur peintre Wilqui a si bien représentées dans ses tableaux.

Enfin le 6 décembre, à midi, nous aperçûmes

les Pyramides ; nous en étions encore à huit lieues, leurs masses s'élevaient comme des géants, au dessus de l'horizon, bientôt après nous vîmes les minarets et les dômes des mosquées du Kaire. A cinq heures, nous débarquâmes à Boulaq, port du Kaire, qui en est éloigné d'une demi-lieue, et où nous arrivâmes après avoir traversé les lignes de fossés qui la défendent.

Ici, tout était changé pour nous, la terre, ses productions, ses aspects, les hommes, les costumes, les habitations ; nos oreilles n'étaient frappées que du son guttural et rude de la langue des Arabes. La transition n'avait pas été graduée, du sol de l'Europe à celui de l'Egypte nous n'avions traversé que des mers.

Le Kaire est situé entre la Haute et la Basse Egypte ; c'est après Constantinople la première ville de l'empire Ottoman, autant pour son étendue que pour l'importance de son commerce et pour les monuments qui l'embellissent.

Sa population est de 260,000 ames environ ; elle fut fondée l'an 968 de Jésus-Christ, par Gouhar, sous le kalife Fatimite Moëz, et prit le nom de Gahirah ou la victorieuse, d'où l'on a fait le mot Kaire. Ses rues sont tortueuses, mais plus larges et plus praticables que celle de Constantinople, le sol de la ville étant généralement de niveau. Les maisons n'ont qu'un ou deux étages, et les balcons grillés qui sont en saillie, se trouvant à l'opposite les uns des autres dans une rue étroite, viennent parfois à se toucher.

L'architecture de cette ville a le caractère purement arabe, bien distinct de l'architecture turque de Constantinople et d'un goût plus délicat. Un trait caractéristique des constructions du Kaire, ce sont les bandes horizontales alternativement blanches et rouges, dont les maisons et les édifices publics sont peints.

Les rez-de-chaussée n'ont en général d'ouverture que la porte principale, excepté dans les rues de grande communication, où se trouvent les boutiques des marchands. L'intérieur des habitations est disposé de manière à jouir de la fraîcheur pendant les jours les plus brûlants ; là sont de grandes pièces éclairées vers le haut; les fenêtres grillées laissent circuler l'air qui se rafraîchit dans ces salles constamment à l'ombre, et des jets d'une eau glacée s'élèvent et retombent dans des bassins de marbre. Le sol est pavé de marbre, recouvert de nattes de jonc; c'est là que sur ses divans, le paisible Arabe passe ses jours, s'abreuvant de café et respirant la fumée d'un tabac aromatique.

A l'extrémité méridionale de la ville, sur une vaste place, est le château de Roumeyleh, forteresse dont l'entrée est formée par deux tours demi-circulaires ; du seuil de cette porte, l'œil embrasse une partie de la ville, le Nil et le désert jusqu'aux Pyramides.

La grande mosquée de Soultan-Hassan et celle de Mamoudié forment le premier plan de cet imposant tableau, que nous pûmes esquisser sans essuyer d'avanies de la part des jeunes arabes, que la curiosité seule attirait autour de nous.

L'un des monuments les plus remarquables que renferme la citadelle, est le puits de Joseph; il fut construit, ainsi que le château, en 1166, par le fameux Salah-el-Dyn-Yousef, appelé Saladin. Ce puits est une immense excavation faite dans le rocher. Sa profondeur est de quatre-vingt-dix mètres soixante centimètres. Son plan a la forme d'un parallélogramme, de sept mètres trente centimètres d'un côté, et de quatre mètres trente centimètres de l'autre. On descend jusqu'à sa base par un chemin en pente douce, qui a été pratiquée en hélice. L'eau est élevée par une chaîne de pots, qui se meut au moyen d'une roue, mise en mouvement par des bœufs.

Nous fûmes introduits dans cette hélice par une jeune Arabe voilée, mais dont les yeux, seule partie visible de son visage, faisaient présumer la beauté des autres traits, et nous pûmes admirer encore sous le point de vue artistique la perfection de forme de ses pieds et de ses mains.

Au vieux Kaire, sur le bord du fleuve, est la résidence du lieutenat-général des armées d'Egypte, le colonel Sève, de Lyon, aujourd'hui Soliman Pacha. M. Rey l'avait connu dans sa jeunesse; il pensa devoir l'informer de notre séjour au Kaire; il lui écrivit donc, et sa réponse nous fut aussitôt apportée par un de ses aides-de-camp. Il nous invitait à aller le voir; nous nous rendîmes à son palais. Soliman nous reçut dans un vaste salon de structure arabe, nous accueillit en compatriotes et nous fit apporter, suivant l'usage, le café et la longue pipe turque; il nous entretint de l'état moral des Arabes actuels; ce ne sont plus, dit-il, ces peuplades à demi-sauvages, vivant de vols et de brigandage, assassinant jusque dans les rues du Kaire, qu'on ne pouvait parcourir sans danger après la chute du jour; une justice prompte et sévère, nous dit-il, en accompagnant ces paroles d'un geste expressif, y a mis un terme, et l'on peut aujourd'hui voyager avec sûreté dans toute l'Egypte.

Soliman devait, dans ce moment, se rendre auprès d'Ibrahim qui habitait une maison de plaisance, non loin d'Héliopolis; nous dûmes prendre congé de lui, et, sur le désir que nous lui témoignâmes de voir le

Nilomètre de l'île de Roudah, il s'empressa de nous remettre un ordre pour le gardien de ce monument.

Le Méqyas ou Nilomètre est une colonne en marbre, dont le fût est octogone et gradué dans toute sa hauteur. Il est placé au centre d'un vaste puits, de forme carrée, dont les parois sont en marbre, et dans lequel on descend par des marches qui en suivent le contour. Ce puits était autrefois recouvert par une coupole supportée par une colonnade ; elle a été détruite aussi bien que la mosquée dont elle faisait partie.

Le Nilomètre actuel a été construit en 821, sous le kalife Al-Mamoun, restauré à diverses époques, et, pour la dernière fois, par les Français en 1800.

La construction première de ce Méqyas remontait à 718 de Jésus-Christ. Tout auprès, est un escalier par lequel on descend au fleuve ; les Arabes l'appellent l'escalier de Moïse ; ils disent que c'est dans cet endroit que le jeune Israélite fut exposé sur les eaux par sa mère. C'est une croyance populaire sans vraisemblance ; Moïse dut être exposé sur la rive gauche du Nil, plus près de Memphis que n'est l'île de Roudah.

Le vieux Kaire que nous venions de parcourir est le nom que les Européens donnent à la ville de Fostat, antérieurement la Babylone d'Égypte, bâtie par les Babyloniens et les Perses réunis, après l'invasion de Cambyse.

Lors de la conquête de l'Egypte par Amrou, général d'Omar, vers 640 de Jésus-Christ, Babylone soutint un siége de sept mois et souffrit beaucoup ; elle devint une ville nouvelle sous le nom de Fostat que lui donna Amrou, et qui signifie tente, parce qu'il y laissa sa tente, en allant faire le siége d'Alexandrie, pour ne point déranger un pigeon qui y avait fait son nid.

Amrou y fit construire de nouveaux édifices ; elle rivalisa bientôt avec Alexandrie et devint le siége du gouvernement jusqu'au temps de la fondation du Kaire, arrivée 328 ans plus tard.

A l'est du vieux Kaire est la mosquée d'Amrou ; elle remonte à l'an 640 de Jésus-Christ ou à la 20e année de l'Egire ; c'est la plus ancienne mosquée.

Suivant l'usage adopté par les premiers successeurs de Mahomet, la mosquée d'Amrou n'est qu'une vaste cour entourée de portiques. Sur la face de l'entrée, le portique est simple ; il est triple sur les faces latérales, et quintuple sur la face opposée à l'entrée. Ces portiques sont formés d'arcades portées par des colonnes en marbres d'espèces diverses, mais où domine le cipolin. Tous les chapiteaux sont corinthiens du bas-empire romain ; ils doivent être en partie les restes d'une église chrétienne qu'Amrou fit raser, et sur l'emplacement de laquelle il construisit sa mosquée. Le nombre total de ces colonnes est de 280 ; l'ordonnance en est simple et l'effet prodigieux.

Au milieu de cette enceinte est une fontaine de forme octogone pour les ablutions. Auprès d'elle est un palmier ; l'un et l'autre se groupent avec le minaret et composent un tableau caractéristique des lieux, du climat et de la religion. Cet édifice tombait en ruines, le vice-roi le fait réparer pour en arrêter la destruction totale. C'est un monument précieux pour l'art ; il doit l'être pour les Mahométans, puisque c'est leur plus ancien temple.

Le gardien de la mosquée eut d'abord la pensée d'exiger que nous ôtassions nos souliers ; mais il se ravisa disant que, n'en ayant pas l'habitude, nous pourrions en être incommodés ; mais, en vérité, c'eût été pousser un peu loin le scrupule religieux, car il ne fit pas difficulté d'y faire entrer les ânes qui nous avaient servi de montures.

Retournant à la ville, nous passâmes sous le long aqueduc qui porte les eaux du Nil à la citadelle. La prise d'eau est une tour octogone de quarante mètres de diamètre. L'eau est élevée à son sommet par des chaînes à gobelets, mises en mouvement par des roues auxquelles des bœufs sont attelés.

Non loin de l'aqueduc est une vallée située au

pied du mont Mokatam, qui fait partie de la chaîne arabique. Là est la nécropole, la ville des morts, rivale du Kaire par son étendue, par l'effet de ses monuments recouverts de coupoles et par ses minarets. Tous ces tombeaux de formes variées sont de style arabe, et l'on reconnaît, dans leurs élégantes proportions, le goût qui a de tout temps distingué ce peuple. Le jour était vers son déclin, ses derniers rayons se reflétaient sur ces monuments, dont la pierre est rougeâtre et leur donnaient une couleur de feu; ces monuments étant situés au milieu des sables, aucune verdure ne vient retracer à l'esprit quelque image de la vie; et le silence qui règne dans cette vallée de sable inspire une profonde mélancolie. Nous esquissâmes la vue de quelques-uns de ces tombeaux, et regagnâmes le Kaire en traversant une vaste plaine où sont amoncelés des décombres de briques qui proviennent des démolitions de la ville.

L'ophthalmie est la maladie la plus commune au Kaire; les étrangers y sont frappés de l'aspect de cette multitude d'aveugles qui parcourent les rues, et de voir le quart au moins des habitants ayant l'un des yeux couvert d'un bandeau.

Suivant les médecins, cette maladie provient de l'extrême variation de la température et de l'usage adopté par un grand nombre d'individus de dormir en plein air, sous un ciel où les nuits sont très fraîches comparativement à la chaleur du jour. Ne pourrait-on pas l'attribuer aussi à cette poussière répandue dans l'atmosphère, d'une ténuité si grande qu'elle n'est point aperçue, mais qui se dépose sur tous les corps, en une telle abondance, que nous étions obligés à chaque minute de la souffler de dessus notre papier, pendant que nous dessinions ? Ne pourrait-on pas encore donner pour cause à cette maladie cette prodigieuses quantité de mouches, d'une extrême petitesse, qui couvrent le visage des enfants, se fixent autour de leurs paupières, d'où ils paraissent peu soucieux de les chasser, et que, même par un préjugé funeste, on regarde comme nécessaires pour en enlever les humeurs.

Volney l'attribue à la salinité de l'air qui cause aux yeux de l'irritation et des démangeaisons, au régime des Egyptiens qui se nourrissent de fromage, de lait aigre, de miel, de raisiné, de fruits verts et de légumes crus qui produisent dans le bas-ventre un trouble qui se porte sur la vue. Il l'attribue aussi à l'excessive transpiration de la tête couverte par une coiffure prodigieusement chaude, transpiration qui, étant supprimée par la moindre impression du froid, se jette sur les yeux comme sur la partie la moins résistante. Enfin, suivant ce voyageur, une grande partie des cécités en Egypte est causée par la suite de la petite vérole qui n'y est point traitée suivant une bonne méthode, où l'on évite de laver les yeux, dont les paupières sont collées par la sérosité qui y détermine un cautère qui ronge l'œil entier.

VIII.

Pyramides de Gyzeh.

Le 9 décembre, nous nous mîmes en marche pour les Pyramides, munis de nos montures habituelles, de leurs conducteurs et d'un drogman nommé Osman ; c'était un Arabe de Karnac, dans la Haute-Egypte ; il avait du zèle et était, comme les Arabes en général, doué de beaucoup d'intelligence. Il avait servi en qualité de domestique un Français, dont le nom est connu dans les fastes des théories nouvelles prêchées par des hommes qui se croyaient appelés à recomposer la société sur de nouvelles bases ; c'était le Père Enfantin qui, laissant désormais tout projet de réforme, habitait alors au vieux Kaire une maison qui s'annonce par d'agréables aspects.

Nous passâmes de nouveau par cette dernière ville, et nous traversâmes le Nil dans une barque au dessus de l'île de Roudah. Nous étions au village de Gyzeh. Là, se présente un contraste frappant entre les champs animés par des forêts de palmiers, par une verdure naissante, présage d'une riche moisson et le désert avec ses sables et ses silencieux monuments.

Les eaux du Nil étaient encore répandues sur les terres, et déjà les parties qu'elles avaient abandonnées étaient verdoyantes. Nous nous engageâmes dans les chaussées étroites qui conduisent de Gyzeh aux Pyramides.

Sur plusieurs points, ces chaussées sont percées d'arcades pour l'écoulement des eaux de l'inondation; elles présentent alors des ponts d'une grande étendue; ces ouvrages sont arabes. Le pont le plus considérable remonte au temps de Saladin, en 1166 de Jésus-Christ. Il a été construit avec les pierres tirées des petites pyramides. Ces ponts sont armés d'éperons pour résister aux efforts des eaux.

Les nombreuses sinuosités que forment ces chaussées doublent la distance à parcourir. Cependant nous approchions de ces gigantesques monuments; notre petite caravane cheminait en silence, lorsque nous aperçûmes de toutes parts des points noirs qui venaient à nous, et qui, dans leur course rapide, nous atteignirent bientôt; c'étaient des Arabes. Une nuée de ces hommes, presque nus et dans un désordre capable d'effrayer, vint nous envelopper; nous ignorions le motif de cette subite apparition; ils nous entourèrent parlant, criant, gesticulant, chacun de nous en avait plusieurs en tête, derrière et par côté; chacun d'eux voulait nous toucher ; il nous tardait d'être arrivés, pour être débarrassés de cette escorte importune; mais plus nous approchions, plus leur nombre augmentait; nous arrivâmes enfin auprès du plateau pris dans le rocher sur lequel les Pyramides sont assises. Contre ses flancs sont taillées des cellules, autrefois des tombeaux ; un Arabe et son esclave y avaient établi leur demeure; elle était précédée d'une vaste cour fermée par un mur d'enceinte. C'est dans cette habitation qu'il recevait les voyageurs. Nous entrâmes dans un de ces tombeaux, espérant y trouver un instant de repos et un refuge contre la poursuite des Arabes; mais ils y entrèrent en foule avec nous, poussant tous à la fois des clameurs assourdissantes; chacun d'eux voulait nous servir de guide; l'un s'empare des portefeuilles, l'autre des siéges, l'un nous prend par un bras, l'autre par l'autre, nous ne sommes plus maîtres de nos mouvements ; je crie à mon tour, et je parviens avec de la violence à me dégager de leurs mains. Nous voilà arrivés au pied de la pyramide de Chéops; autre épreuve à subir. Chacun de nous est saisi par les Arabes ; deux, se tenant en avant, nous tiennent par les deux bras ; deux autres, se tenant en arrière, nous poussent pour nous faire gravir ; ils nous font sauter ainsi de degré en degré, depuis la base de la pyramide jusqu'à son sommet ; mais, plus d'une fois, dans cette ascension forcée, combinant mal leurs mouvements avec les nôtres, ils nous font heurter contre des blocs de deux et trois pieds de hauteur ; il nous fallut jusqu'au bout les subir et leur payer ensuite les périlleux services qu'ils nous avaient rendus malgré nous. C'est ainsi que nous parvînmes au haut de la pyramide, à cent trente-huit mètres d'élévation. De là, nous voyons à l'occident les vastes plaines cultivées, le Nil et le Kaire, appuyé sur le mont Mokattan ; au midi et à l'orient, le désert, immensité où se perdent les regards que rien n'arrête ; près de nous la pyramide de Chéphren, plus loin celle de Rhodope, et ce Sphinx, de grandeur colossale, autour duquel s'agitaient quelques Arabes semblables à des fourmis.

Le sommet de la pyramide a été tronqué ; il en résulte aujourd'hui une plate-forme de dix mètres d'étendue sur chaque face, et le milieu est encore occupé par une portion de l'assise qui en continuait l'élévation. Sa hauteur primitive devait être de cent quarante-quatre mètres.

On trouve, dans la hauteur du monument, deux cent trois assises qui varient depuis soixante et dix centimètres jusqu'à un mètre cinquante centimètres, non point en suivant une diminution progressive de la base au sommet, mais indifféremment tantôt faibles et tantôt fortes. L'assise de la plate-forme a soixante et dix centimètres de hauteur, et les blocs qui s'élèvent encore du milieu, appartenant à une assise supérieure, ont un mètre quinze centimètres.

Ce monument, vu de loin, présente des lignes droites et des faces régulières ; vu de près, on reconnaît que toute l'enveloppe a été enlevée, ce qui permet de juger de la structure intérieure.

La masse de la pyramide est en totalité composée de pierres de taille sans aucun blocage, on peut en juger par la section horizontale du sommet. Leurs lits sont assez bien dressés et les blocs sont posés sur une faible couche de mortier composé de chaux et de briques pilées. Les faces verticales des blocs sont taillées avec moins de précision et souvent la largeur irrégulière des joints est comblée par du mortier ; c'est ce que nous avons pu reconnaître dans les ouvertures qui se rencontrent en gravissant la pyramide.

Toute la pierre est calcaire ; elle paraît être de la nature de celle de Tournus ; elle en a la couleur et la dureté; c'est la même pierre que celle du rocher sur lequel la pyramide a été construite et qui semble lui former une sorte de piédestal. Il est évident que le rocher a été exploité dans une grande étendue et qu'il a été employé à la construction des Pyramides, ainsi que la pierre provenant des carrières de Torrah, dans la montagne arabique, sur la rive du Nil, à l'opposite de Memphis.

Cette pyramide était revêtue avec de la même pierre; sa surface était lisse et pentive, comme il se voit encore dans une partie de la deuxième pyramide, et non par degré comme on l'a figuré dans quelques restaurations; l'inégalité dans la hauteur des assises rend suffisamment compte de la nécessité de cette disposition. La pierre du revêtement formait boutisse avec le corps du monument et n'était pas simplement posée dans le vide triangulaire que laissait chaque degré. Cette structure se remarque dans la troisième pyramide; on y voit des assises de revêtement en prise dans le massif du monument.

L'entrée de la grande pyramide n'est pas la partie la moins remarquable de cet édifice; quatre blocs de quatre mètres de longueur sur un mètre de hauteur, inclinés et s'arcboutant deux à deux, sont placés en décharge au dessus du linteau de l'ouverture. Au volume de ces blocs, à la hauteur où ils sont placés, on croit voir l'œuvre des géants.

Cette ouverture n'était point visible, lorsque la pyramide était encore revêtue de ses parements ; c'est sous le kalife Mamoun qu'elle fut découverte, lorsque les blocs du revêtement furent enlevés pour être employés à la construction des édifices du Kaire.

Nous y pénétrâmes à l'aide de flambeaux, et tantôt retenus et tantôt entraînés par les Arabes, nous parcourûmes ces longues galeries d'abord pentives, puis ascendantes; leur déclivité est si grande qu'elles seraient impraticables sans les entailles qu'on a creusées dans le sol. Les murs, les plafonds, le sol de ces galeries sont formés les uns avec du granit, les autres avec de grands blocs de pierre, polie par le frottement.

A l'extrémité de la galerie ascendante est la chambre du Roi, construite en granit; son plafond horizontal est composé de neuf blocs, dont le poids de chacun ne peut être moindre de dix mille kilogrammes.

L'entrée de cette chambre était fermée par quatre cloisons successives, en pierre de quarante centimètres d'épaisseur, enchassées et contenues dans des rainures, et que l'on ne pouvait déplacer qu'en les brisant. Quelle puissance surhumaine a fait de tels ouvrages! A leur aspect, l'esprit demeure confondu; c'est à bon droit qu'on a donné à ces monuments le nom de Merveilles du monde.

On a souvent agité la question de savoir par quels moyens les Egyptiens ont élevé à une aussi grande hauteur cette immense quantité de blocs de cent cinquante pieds cubes pour la plupart.

Au rapport de Diodore de Sicile, les Egyptiens, n'ayant pas encore l'art d'échaffauder, s'étaient servi de terrasses en terre pour les élever; mais ce moyen eût été aussi étonnant que la construction de la pyramide elle-même. On ne peut le supposer d'un peuple dont les monuments attestent de si hautes connaissances en dynamique. D'ailleurs, n'avaient-ils pas déjà transporté et dressé devant les portes de leurs temples des monolithes de vingt mètres de hauteur.

Hérodote fait un récit plus vraisemblable; il rapporte que des machines en bois, de petite dimension, étaient placées sur les gradins que formait la retraite de chaque bloc les uns au-dessus des autres, et que, chaque pierre, pour être élevée depuis la base jusqu'à la plus grande hauteur, était saisie par chacune de ces machines qui, tour à tour, la transportait du sol sur le premier gradin, du premier gradin sur le second, du second sur le troisième, et ainsi de suite. Mais n'est-ce point là un conte populaire auquel Hérodote se sera confié, comme Diodore de Sicile touchant les moyens qu'il rapporte? Ces deux historiens n'étaient sans doute ni l'un ni l'autre en état de les discuter. Ne pourrait-on pas imaginer quelque moyen plus simple, tel que des treuils placés sur la partie la plus élevée de la construction de la pyramide, à l'aide desquels les blocs pouvaient être élevés depuis la base, en les faisant glisser sur le plan incliné, soit que le revêtement fût terminé à mesure, ce qui est vraisemblable, soit que les angles saillants fussent abattus après coup?

Suivant Hérodote, Chéphren, frère de Chéops, qui régnait en 1172, avant Jésus-Christ, fut l'auteur de la deuxième pyramide; celle-ci a cent trente-cinq mètres d'élévation; son parement lisse et poli existe encore dans le quart supérieur; elle a de plus conservé sa sommité, tandis que la grande pyramide a été tronquée de huit mètres.

La troisième pyramide, haute d'environ cinquante-trois mètres, était revêtue de granit oriental ou pierre d'Ethiopie rouge, foncé, mêlé de parties noires. Il existe plusieurs versions sur les auteurs de celle-ci.

Diodore de Sicile l'attribue à Mycérinus, fils de Chéops. Son nom, dit-il, est écrit sur la face qui regarde le septentrion; mais les Grecs l'attribuaient à la courtisane Rhodope, esclave d'Iadmon, citoyen de Samos, et compagne d'esclavage d'Esope, le fabuliste. Rhodope vint en Egypte où elle fut conduite par Xanthus-le-Samien. Devenue libre, sa beauté lui valut de grandes richesses. Mais cette opinion est sans fondement; Rhodope vivait sous le règne d'Amasis, un grand nombre d'années après les rois qui ont fait élever les Pyramides.

Au dire du même historien, on rapportait encore que cette pyramide avait été construite par la fille de Chéops, qui avait exigé que chacun de ceux avec qui elle avait eu commerce lui fît don d'une pierre, pour être employée dans cet ouvrage, et qu'elle le fit élever avec ces pierres, prodige non moins grand que celui qui est attribué à Rhodope.

Telle fut l'opinion des Grecs et des Egyptiens sur l'origine de la troisième pyramide. On voit encore à celle-ci une partie de son revêtement de granit. Un grand nombre de blocs qui en proviennent est entassé au pied du monument. Quelques-uns de ces blocs ont trois mètres de longueur sur deux mètres de largeur et un mètre trente centimètres d'épaisseur. Une de leurs faces est inclinée suivant la pente de la pyramide. La face opposée, qui pénétrait dans le massif du monument, est verticale; et les faces supérieure et inférieure étaient horizontales, avec cette particularité que ces deux dernières faces, sur une longueur d'environ vingt centimètres, se retournent d'équerre à la pente de la pyramide, de sorte que chacune de ces assises ne se terminait point à son lit inférieur par un angle aigu et fragile, mais par un angle droit; il en résultait à chaque bloc un évidement considérable, et, dans une matière aussi résistante que le granit, c'était un immense travail. Enfin, l'inspection de cette pyramide fournit la preuve que les assises inclinées du revêtement étaient placées en même temps que s'élevait le corps de la pyramide, puisqu'elles sont en prise dans le massif lui-même. Ces blocs de granit ont été arrachés du monument, pour être employés à l'ornement du Kaire, et auparavant à celui d'Alexandrie.

Un vaste monument précède la troisième pyramide, du côté de l'est; c'est un parallélogramme de cinquante-trois mètres quatre-vingts centimètres sur cinquante-six mètres vingt centimètres, dont les murs ont quatre mètres vingt centimètres d'épaisseur; il est précédé lui-même d'une chaussée formée de matériaux d'un grand volume; cette chaussée paraît avoir été construite pour le transport du granit qui revêt ce monument.

Bien d'autres pyramides, en partie détruites, jonchent de leurs ruines le sol d'alentour, mais elles s'effacent devant les trois grands monuments, sur lesquels s'attachent surtout les regards du voyageur et qui absorbent toutes ses pensées.

L'on a beaucoup disserté sur la destination des Pyramides ; quelques auteurs ont combattu l'opinion généralement reçue que ces monuments étaient des tombeaux, ce qui n'était point contesté au temps d'Hérodote, de Diodore et de Strabon ; et de ce que leurs faces sont orientées, on en a conclu que ce sont des monuments astronomiques ; on a même voulu que leur sommité ait servi d'observatoire, opinion invraisemblable ; car, sans parler de l'inutilité de s'élever à cent quarante-quatre mètres pour observer les astres au milieu d'un horizon dont aucun obstacle ne borne la vue, par quel moyen s'élever le long de ces surfaces lisses et rapides ? Les côtés de ces pyramides sont, il est vrai, dirigés vers les quatre points cardinaux ; ils peuvent donc fournir le moyen de reconnaître si l'axe de la terre est dans une position constante ; mais quelque précieux que cela puisse être pour la science, ce but seul eût-il été proportionné à la grandeur de l'ouvrage.

Un auteur, dans un nouvel écrit, n'a vu dans ces monuments qu'une barrière que les Egyptiens auraient opposée aux sables du désert, pour en défendre la vallée du Nil. Il croit voir la justification de son système dans l'emplacement qu'occupent les pyramides, à l'ouverture des vallées de la chaîne libyque, dans leur forme, leur nombre, leurs positions respectives et dans leurs grandeurs si différentes entr'elles. Enfin, dans cet ouvrage remarquable par l'intelligence des lieux que l'auteur n'a pu se représenter que d'après des cartes et des modèles, ne les ayant point vus, tout est expliqué d'une manière aussi exacte que s'il était entré dans le conseil des prêtres auxquels il attribue ces monuments. Nous sommes loin de partager son opinion.

Pour opposer une barrière aux sables du désert, que des vents impétueux élèvent à de grandes hauteurs, quel obstacle si efficace pouvait présenter des monuments isolés par de grands intervalles et leurs sommets aigus, et par quel raison leur donner une épaisseur égale à la face sous laquelle ils devaient se présenter. Des moyens bien plus naturels, et les seuls que les Egyptiens aient pratiqués, sont, comme cet auteur le rapporte lui-même, les digues, les murailles dans certaines localités, des bois d'acacias et d'autres arbrisseaux le long des canaux. Mais le Nil, par ses inondations, défend lui-même le sol de la vallée, en recouvrant d'un limon fertile les sables qui se sont trop approchés de ses rives.

Tout nous montre au contraire des tombeaux dans ces pyramides ; c'est le témoignage qu'en ont rendu les historiens ; elles ne sont que la reproduction en pierre, et sur une immense échelle, des tombeaux en terre d'une forme semblable et si naturelle qu'elle se retrouve chez des peuples auxquels l'Egypte était inconnue.

Lorsque les kalifes ouvrirent les Pyramides, ils y trouvèrent des sarcophages, des momies d'hommes et même d'animaux ; quelle preuve faut-il davantage de leur destination funéraire !

Au sud de la grande Pyramide apparaît au dessus des sables la tête du Sphinx ; sa forme est celle d'un lion assis à tête humaine.

Les sables qui s'élèvent jusqu'au niveau de la croupe ont été fouillés à la partie antérieure, pour reconnaître la hauteur de ce colosse. Elle est de vingt-quatre mètres depuis le sol sur lequel les pieds reposent jusqu'au dessus de la tête ; celle-ci, depuis le menton jusqu'au sommet, a huit mètres cinquante-cinq centimètres de hauteur ; c'est la plus grande figure d'homme ou d'animal que les Egyptiens aient sculptée. Ce Sphinx a été taillé dans le rocher qui fut aplani pour former l'assiette des Pyramides. Les couches de la pierre forment des sillons horizontaux sur la face et sur la coiffure. On croit distinguer encore la couleur cuivrée dont il avait été peint.

Peut-on s'étonner, en voyant les Egyptiens se jouer d'un accident du rocher et en former une figure d'une monstrueuse grandeur, qu'ils aient élevé ces hautes pyramides, dont le but était d'une bien plus grande importance?

Le type de la tête du Sphinx, dont le nez est la seule partie qui soit ruinée, est celui que l'on remarque dans toutes les statues égyptiennes, et les proportions sur cette immense échelle y sont fidèlement observées.

Nous passâmes la nuit dans un de ces tombeaux, où nous avions été reçus par l'Arabe, et, le lendemain, remontant au sud, nous nous dirigeâmes vers Memphis.

IX.

Hypogées, Pyramides de Saccarah.

Dans ce trajet, nous aperçûmes la verdure de quelques plantes; c'était des tiges d'oignons d'une très petite espèce et qui trouvent dans le sable leur unique aliment; leur saveur est sucrée, et leur chair très aqueuse est rafraîchissante.

Le sol que nous parcourions était recouvert d'une efflorescence saline très forte au goût.

Nous arrivâmes au lieu de la sépulture des habitants de Memphis, aux Pyramides et aux Hypogées de Saccarah.

La plus grande de ces pyramides a cent trois mètres de hauteur. Sa forme pyramidale lui est donnée par cinq retraites successives de trois mètres qui en font une pyramide à degrés. Ainsi, la construction de cette pyramide se compose d'un noyau pyramidal à faces lisses, contre lesquelles on a appliqué une première enveloppe de trois mètres d'épaisseur, s'élevant jusqu'à une hauteur voisine du sommet du noyau; contre cette première enveloppe en a été appliquée une deuxième semblable, s'élevant à une hauteur moindre que la première et ainsi de suite jusqu'à la cinquième.

Ces diverses enveloppes sont assez bien conservées, excepté la première qui est détruite en partie; ce qui nous a permis d'étudier le détail de leur construction. Les blocs qui composent ces enveloppes ne sont point posés horizontalement, mais perpendiculairement à la pente de la pyramide; les assises ont généralement quarante et cinquante centimètres de hauteur, sur des longueurs qui varient de soixante-dix centimètres à un mètre. Chacune de ces enveloppes est paramentée sur les deux faces, ce qui les rend indépendantes les unes des autres; ainsi elles ont été appliquées successivement et non placées simultanément.

Comme les Pyramides de Gyzeh, celles de Saccarah ont été construites sur le rocher aplani, et la pierre qu'on en a tirée a été employée à leur construction.

On remarque, sur la face au sud, l'ouverture qui donnait entrée dans son intérieur, où trois salles furent découvertes.

La construction de cette pyramide fixa surtout

notre attention. A une aussi faible distance de celles de Gyzeh, pourquoi un système si différent? lequel a précédé?

La construction de la pyramide de Saccarah nous a paru moins parfaite; elle n'est pas de nature à résister aussi longtemps, soit aux efforts du temps, soit à ceux des hommes; car on pourrait enlever aisément chacun de ces blocs qui ne sont point liés avec le corps du monument. Tout auprès sont des monceaux de briques dont avaient été formées d'autres pyramides.

Au milieu de la plaine sablonneuse, le sol a été creusé dans le rocher pour y pratiquer des tombeaux. Nous entrâmes en rampant dans un de ces hypogées; il se compose de trois nefs séparées entr'elles par deux rangs de piliers carrés, au nombre de trois de chaque côté. Dans le fond, et en face de la nef du milieu, est une petite cellule ou niche rectangulaire tant en plan qu'en élévation. Le plafond de ces nefs a été taillé horizontalement et les piliers ont été réservés dans la masse. Les parois du rocher sont revêtues d'une mince couche de stuc, sur lequel sont des peintures hiéroglyphiques d'un beau dessin et qui ont conservé la vivacité des couleurs. Les personnages principaux ont, suivant l'usage égyptien, une stature plus grande que les autres figures.

Chaque pilier, sur ses deux faces principales, celles qui sont dans le sens longitudinal de l'hypogée, est orné d'une bande étroite et montante d'hiéroglyphes coloriés.

Au sortir de cet hypogée, nous descendîmes par une profonde excavation dans un second hypogée, beaucoup plus considérable que le précédent, connu sous le nom de catacombes colorées.

On entre d'abord dans une salle à trois nefs séparées entr'elles par deux rangs de piliers carrés. La nef du milieu a l'aspect d'une voûte à plein cintre. Les deux nefs latérales sont couvertes par des plafonds horizontaux. De cette salle, on passe dans une seconde, voûtée comme la première; on la traverse dans le sens de sa largeur, pour arriver à une troisième salle voûtée, en portion de cercle seulement. Les parois verticales et celles des voûtes de toutes ces salles sont couvertes d'hiéroglyphes peints et quelquefois sculptés d'un beau dessin.

Nous ne fûmes point surpris de trouver ici la forme de voûte; nous savions qu'elle n'était point sans exemple en Egypte dans les monuments taillés dans le roc, mais notre étonnement fut de voir que toutes les surfaces planes ou cintrées avaient été revêtues d'un placage en pierre de sept centimètres d'épaisseur, adhérant au rocher, au moyen d'un mortier composé de chaux et de briques pilées. Malgré la couleur qui recouvre l'appareil, on peut en distinguer les joints horizontaux et verticaux.

En m'élevant sur les épaules de nos Arabes, je pus m'assurer que les joints des voussoirs tendaient au centre de la courbure, ce qui constitue la connaissance de l'art de construire des voûtes au moyen de blocs appareillés.

Dans le développement de la voûte demi-circulaire de la première nef, il y a neuf voussoirs égaux entr'eux de quarante-deux centimètres de largeur. L'appareil des murs est régulier; les joints verticaux répondent directement au milieu de l'assise supérieure et inférieure.

La pierre du rocher est calcaire; sa couleur est légèrement grisâtre et sa dureté est à peu près celle de la pierre de Tournus.

La pierre dont a été fait le placage est également calcaire ; elle paraît être un peu plus tendre que celle du rocher et sa couleur est plus blanche. Plusieurs assises de ce placage avaient été arrachées et enlevées. Il est déplorable que le desir de posséder quelques fragments soit aussi funeste à ces monuments précieux pour l'histoire et pour l'art. Un sol qui recèle des antiquités devient bientôt un champ exploité par des voyageurs moins animés de respect pour elles que de zèle pour enrichir leur cabinet, et tout l'intérêt que ces monuments devraient leur inspirer ne peut les défendre contre ces coupables spoliations.

On a refusé aux Egyptiens la connaissance de l'art de construire les voûtes. On en a fait honneur aux Romains; celles que nous avions sous les yeux sont-elles de l'époque de la domination romaine? lui sont-elles antérieures?

Ici était la nécropole de Memphis, dont le nom n'est pas moins célèbre que celui de Thèbes, à qui elle avait succédé, lorsque cette capitale trop reculée cessa d'être le siége des Pharaons. Memphis, qui avait vu s'élever dans son enceinte de magnifiques monuments, fut ravagée par Cambyse dans le sixième siècle avant Jésus-Christ, et ses débris servirent à orner la nouvelle capitale fondée par Alexandre, plus de trois siècles avant la conquête de l'Egypte par les Romains. Cet hypogée est donc antérieur à leur domination.

De retour au Kaire, nous fîmes part de nos observations à M. le marquis de Valette, consul général de France en Egypte, il voulut bien se charger de consulter pour nous, sur cette question d'archéologie, M. Lipsius, chef de la mission scientifique prussienne en Egypte, et qui se trouvait alors dans la Thébaïde.

Quelque temps après notre retour en France, nous reçûmes de M. Lipsius, tant sur l'hypogée voûté que sur la pyramide à dégrés, la note qui suit.

« L'hypogée de Saccarah en question est du temps de Psamétique 1ᵉʳ, qui régnait au VIIᵉ
« siècle, avant notre ère. Des voûtes en pierres
« composées de dalles assez minces, comme on les
« voit dans l'hypogée mentionné, ne sont pas ra-
« res dans cette même époque, il y en a quatre ou
« cinq à Gyzeh, et il s'en trouve en plusieurs au-
« tres endroits de l'Egypte, mais jamais avant cette
« époque dans laquelle on commençait aussi à Ro-
« me à construire des voûtes.

« Avant le temps de Psamétique, on trouve
« quelquefois des voûtes en pierre, par exemple à
« Abydos du temps de la XVIIIᵉ dynastie de Me-
« nethon ; mais alors elles ne sont pas construites
« d'après le véritable principe de l'arc, elles sont
« formées par des couches horizontales comme les
« voûtes anciennes de l'Asie mineure, de la Grèce
« et de l'Italie.

« Les voûtes en briques, au contraire, construites
« parfaitement comme aujourd'hui, se trouvent en
« Egypte depuis la plus haute antiquité en de nom-
« breux exemples.

« L'emploi du revêtement en pierres taillées de
« l'hypogée de Saccarah paraît être motivé seule-

« ment par la nature du rocher qui n'était pas par-
« tout de la même qualité et de la même solidité.

« La pyramide en degrés de Saccarah est d'une
« construction irrégulière. Le noyau en était une
« construction oblongue, pareille au Moustabat-el-
« Faiaoum; ce tombeau primitif dont on voit encore
« les côtés lisses et polis au milieu de la bâtisse de
« la pyramide actuelle, là où elle est en partie dé-
« truite, a été entouré après coup d'un manteau
« en forme pyramidale construit en degrés, et ce
« premier manteau a été recouvert par un second
« manteau pour agrandir la pyramide.

« Cette manière de construire les pyramides en
« degrés et de commencer par un petit noyau
« que l'on agrandissait toujours par des manteaux
« nouveaux qu'on adossait tout simplement aux
« murs du noyau ou du dernier manteau, était
« générale pour toutes les pyramides, à l'excep-
« tion de quelques unes de moindre volume et d'un
« temps postérieur aux plus grandes de Gyzeh.

« Les pyramides de Saccarah sont toutes posté-
« rieures à celles de Gyzeh, mais les pyramides de
« Dahchour sont les plus anciennes de toutes. »

D'après les explications claires, précises, données par ce savant, l'art de construire des voûtes en pierre était connu des Egyptiens, à l'époque où l'on commençait aussi à Rome à construire des voûtes, c'est-à-dire au VIIe siècle avant notre ère, mais non pas antérieurement. Quant aux voûtes en briques, elles leur sont de beaucoup antérieures.

Il faut donc faire honneur aux Egyptiens de l'invention des voûtes ; s'il ne les ont pas employées dans leurs temples, dans leurs palais, ne serait-ce point que leur structure en colonnes et en longues plate-bandes était plus conforme au génie de ce peuple qui se plaisait à étonner l'imagination par l'aspect de ces monolithes immenses, qu'il transportait de lieux éloignés et qu'il élevait à de grandes hauteurs par des moyens dont la puissance consistait peut-être plus dans le nombre des bras que dans d'ingénieuses inventions, destinées à les suppléer.

Quant à la pyramide de Saccarah, elle n'est point homogène dans sa constrution, ayant eu pour origine un monument plus ancien ; on ne peut donc en tirer aucune induction sur l'état de l'art de bâtir à l'époque de son agrandissement.

Nous prîmes notre gîte au village de Saccarah, dans la maison d'un Arabe. Le rez-de-chaussée, espèce de souterrain, ne recevait qu'une faible lumière par un larmier ; là, couchés sur le sol, roulés dans nos couvertures, nous passâmes la nuit sous la sauve-garde de notre interprète et de nos conducteurs.

Le lendemain, après avoir déjeûné dans ce triste réduit, nous nous mîmes en marche. Nous passâmes par Abouloom, riant village, situé dans une forêt de palmiers et dont les maisons avaient leurs enceintes closes par des roseaux liés en forme de palissades.

Le palmier est évidemment l'arbre de l'Egypte, comme le pin parasol est l'arbre caractéristique des sites de l'Italie. Le tronc nu, élevé, de ces arbres permet à la vue de s'étendre, et leur tête se marie aux fabriques qu'elles couronnent.

Dans ce lieu est une mare limpide au milieu de laquelle on voit un colosse de dix mètres de longueur, que les habitants appellent Sésostris, et que nous reconnûmes pour être une de ces figures d'Osiris placées debout à la porte des temples.

Tout auprès de ce colosse, au milieu d'un pré entouré d'eau, est un chapiteau à tête d'Isis, à quatre faces, en pierre blanche. Le fût de la colonne est enfoncé dans le sol.

C'est à ces faibles restes aussi bien qu'à ceux de Saccarah que l'on reconnaît l'emplacement de Memphis. Ce qui n'a pas été enlevé pour l'ornement d'Alexandrie et après elle pour les villes de Fostat et du Kaire, a péri par le feu pour être converti en chaux.

En cheminant au travers des palmiers auxquels

étaient suspendues de longues grappes de fruits, et le long des ruisseaux creusés pour les irrigations, nous arrivâmes à Gyzeh ; de là, traversant le Nil, nous rentrâmes au Kaire.

X.

Mataryeh, Heliopolis, Syra, Loutraki, Naupacté, Patras.

A notre arrivée près de la place d'Ezbekyeh, nous vîmes le marché des esclaves. Plusieurs jeunes nègres, garçons et filles, étaient rangés le long d'un mur, exposés aux regards de la multitude. Ces infortunés paraissaient insensibles à leur sort; à peine voilées de quelques lambeaux flottants, toutes les parties de leurs corps étaient tour à tour mises à découvert au moindre vent qui venait à les agiter. Aucune pitié pour eux ne se peignait sur les visages, et leur maître ne semblait occupé que du lucre qui pourrait lui revenir de ce trafic barbare.

Nous eûmes, au Kaire, l'occasion de voir M. Msara, ancien drogman arabe, attaché au Consulat de France, et de l'entretenir des lieux que nous venions de parcourir. Il possédait des antiques, au nombre desquels se trouvaient deux dalles couvertes d'hiéroglyphes, enlevées depuis peu de temps au revêtement de la voûte de l'hypogée de Saccarah; nous lui témoignâmes le desir de les acquérir; il nous les remit pour un prix modique, et nous les fîmes encaisser pour les conduire en France. Il était précieux pour nous d'emporter ce témoignage de l'exactitude de nos observations. Qu'on nous permette ici de nous disculper, si quelqu'un nous accusait d'avoir fait nous-mêmes ce que nous avons reproché à d'autres voyageurs. Nous professons un respect religieux pour tous les monuments qui tiennent encore au sol, quelque ruinés qu'ils puissent être; mais notre scrupule ne saurait s'étendre jusqu'à des fragments déplacés et perdus désormais pour les monuments auxquels ils ont appartenu. Ces deux fragments ont été offerts par nous à la ville de Lyon; ils sont maintenant déposés dans la galerie des antiques, où ils peuvent être consultés. M. Msara nous dit que cet hypogée avait été visité par M. Champolion, et que, selon ce savant, c'était le tombeau de Ménophré dédié à Sésostris. Ainsi coïncident les opinions de MM. Champolion et Lipsius sur la haute antiquité de ce monument.

Au nord-est du Kaire, à la distance d'une heure de marche, est le village de Mataryeh; nous y allâmes visiter deux objets de vénération pour les chrétiens; c'est un sicomore, nommé l'arbre de Marie, sous lequel se reposa la sainte famille lorsqu'elle fuyait en Egypte, et un puits où elle se désaltéra. Sur l'écorce des branches de cet arbre et sur les rugosités de son énorme tronc, sont gravés quelques monogrammes du Christ, on y lit aussi les noms de ses pieux visiteurs qui ne manquent jamais d'en emporter quelques feuilles. Les musulmans respectent aussi ce lieu, parce qu'ils croient à cette tradition, et qu'ils regardent Jésus comme un prophète du vrai Dieu.

A un quart de lieue, était Heliopolis qui fut la capitale de l'Egypte sous les premiers Pharaons. Ses édifices ont été détruits; la ville de Quelyoub, située à deux lieues et demie, au nord de Mataryeh, a été bâtie avec les matériaux d'Heliopolis. Un seul monument s'y voit encore debout, c'est un obélisque en granit rouge, de vingt mètres vingt-sept centimètres de hauteur; il servait ainsi que celui qu'Auguste fit transporter à Rome, et qui est maintenant sur la place du Peuple, à orner l'entrée du temple du Soleil. Au dire des Egyptiens, c'est à ce temple, que le phénix, prenant son vol de l'orient, venait mourir sur un bûcher de myrrhe et d'encens, fable qui se rattache à la marche du soleil qui, après une longue période, devait se concilier avec le calcul des temps.

On a souvent agité la question de savoir quel était le but et la signification des obélisques; suivant Pline, l'obélisque était un emblême des rayons du soleil, et son nom avait cette signification dans la langue égyptienne. Ainsi il avait un sens religieux, tout en servant, selon Tacite, à conserver la mémoire des évènements historiques.

Heliopolis était la troisième ville de l'Egypte, en grandeur et en célébrité. Sa population était de deux cent mille habitants, et, d'après la position des ruines qui se voient encore, son étendue pouvait être comparée à celle du Kaire. Son nom était *On*, qui, dans la langue égyptienne, signifiait soleil, et le nom d'Heliopolis, ou ville du soleil, lui fut donné par les soixante-dix rabbins qui traduisirent en grec le texte hébreu de la Bible.

C'est à Heliopolis, dans le collége des prêtres, qu'Eudore, Platon, Herodote vinrent étudier l'astronomie, la philosophie et l'histoire.

Enfin, on apprend par le LXIe chapitre de la *Genèse*, que Joseph, fils de Jacob, avait épousé Azeneth, fille de Putiphar, prêtre du soleil à Heliopolis.

Ce lieu est demeuré célèbre dans nos fastes, par la victoire que remportèrent neuf mille Français, commandés par Kléber, sur quatre-vingt mille

Mameloucks. Les Egyptiens ont gardé le souvenir de ces hauts faits, ainsi que du combat des Pyramides; et, malgré les temps écoulés, le nom de Napoléon est souvent dans leur bouche; il exerce son empire sur leur imagination et leur en impose encore.

Nos fonctions à l'école des Beaux-Arts nous rappelaient en France; il nous fallut songer au retour; nous nous embarquâmes de nouveau sur le Nil, où, pendant quelques instants, nous eûmes une pluie abondante. Arrivés à Alexandrie, nous éprouvâmes bien des difficultés de la part des employés de la douane, pour obtenir la sortie de nos deux fragments antiques, difficultés que, malgré les ordres du vice-roi, on surmonte toujours avec de l'argent; mais, plus nous nous montrions empressés d'en finir, en payant avec largesse, plus les employés se montraient exigeants et apportaient de retard à notre sortie. Enfin, nous montâmes de nouveau à bord du *Scamandre*. Pendant la nuit et le jour qui suivirent notre départ, nous demeurâmes en vue de l'île de Crète, battus par les vents contraires. Le vaisseau était fatigué à la fois par le roulis et par le tangage, les lames d'eau franchissaient le pont, tout ce qui était sur le tillac fut renversé, la chaîne de l'ancre, la forge, tous les agrès roulaient avec un horrible fracas, des coups de mer frappaient les flancs du vaisseau et semblaient vouloir l'entr'ouvrir, les pièces de la charpente criaient dans leurs assemblages, et la voile du grand mât fut déchirée. Que peuvent faire les matelots dans ces désastres? toute manœuvre est impossible, ils sont réduits à tenir la barre du gouvernail et à avoir les regards constamment fixés sur la mer, afin d'éviter les écueils où le vaisseau pourrait être jeté. Nous passâmes ainsi au travers des Cyclades, puis, étant entrés dans la rade toujours houleuse de Syra, nous fûmes déposés au Lazaret, où nous employâmes notre temps de réclusion à mettre en ordre nos notes et nos dessins.

Au milieu de la cour est un autel circulaire, son fût est orné de quatre guirlandes de fleurs et de fruits, suspendues aux cornes de têtes de taureau; il est en marbre de Paros et a été apporté de l'île de Délos; ce monument, remarquable par la beauté de sa sculpture, ne pouvait s'offrir à nous dans des circonstances plus favorables; nous en fîmes les dessins.

Nous quittâmes le Lazaret le 29 décembre, et nous attendîmes dans la ville le bâtiment qui devait nous porter au Pirée. L'île de Syra est une des plus importantes de l'Archipel. Elle se divise en deux parties, qui forment en quelque sorte deux villes, l'une construite le long du port sur la plage qui n'était occupée que par des maisons de pêcheurs, se nomme Hermopolis de Syra; c'est la ville basse qu'habitent les étrangers, les commerçants et tous ceux qui ont avec eux des relations habituelles; là, se trouve aussi la maison du chancelier du consulat de notre nation, M. de Gizy, à qui nous sommes redevables du soin qu'il a bien voulu prendre de faire parvenir en France nos deux fragments égyptiens.

La ville est bâtie régulièrement, et percée de rues larges et commodes. Sa cathédrale, du rite grec, s'élève au milieu d'un parvis où nous remarquâmes un piédestal circulaire, dont la face supérieure a été creusée pour en former des fonts-baptismaux. Sur le fût est une inscription grecque, dont voici la traduction :

« Le peuple honore l'empereur César, Trajan, Hadrien, Auguste, fils du dieu Trajan le parthique, petit fils du dieu Nerva, grand pontife, très bon, consul pour la troisième fois en vertu de la puissance tribunitienne. »

La ville haute forme la seconde partie, c'est l'ancienne Syros, patrie de Phérécide, maître de Pythagore. Elle est construite en amphithéâtre, sur un mont très pentif, ayant la forme d'un cône entièrement isolé. Elle est impraticable aux voitures; les hommes et les animaux n'en gravissent qu'avec peine les rues tortueuses et couvertes d'immondices. Les toitures des maisons inférieures servent de terrasses aux passants dans les rues supérieures. A sa sommité est la cathédrale catholique qui est le siége d'un évêque et d'un coadjuteur. Au dessous est l'église de St-Jean des Français; du parvis de cette église la vue s'étend sur le golfe et sur les îles de Ténos, de Délos et de Micone.

L'eau dont s'abreuvent les habitants de ce quartier est prise à une source abondante, éloignée d'un quart de lieue. Les femmes, les jeunes filles vont y puiser. Le chemin étroit et difficile qui y conduit est pratiqué sur les flancs d'un rocher qui domine un profond ravin. L'affluence est grande à cette fontaine, et plus d'un vase de terre y est chaque jour brisé dans la lutte que ces femmes se livrent entre elles pour les remplir.

Nous partîmes de Syra sur un vaisseau autrichien, et, après une nuit de navigation, nous entrâmes au Pirée, d'où, pour la deuxième fois, nous saluions le temple de Minerve.

Nous prîmes une des voitures qui ne manquent jamais de se rendre au port, à l'arrivée d'un vaisseau; avec quel bonheur nous nous sentions emportés vers Athènes, vers cette ville la première entre toutes celles de la Grèce, par le nombre et la perfection de ses monuments antiques, comme la première par ses grands souvenirs.

Nous vîmes lever à Athènes le soleil de 1844, et nous y demeurâmes jusqu'au 6 janvier. Pendant ces trop courtes journées, que de visites n'avons-nous point faites à ces précieux restes de l'antiquité; occupés sans relâche à compléter notre recueil, et toutefois le cœur oppressé par cette pénible pensée de les quitter bientôt et pour toujours. Si des ruines vous attachent si fortement à cette ville qui n'est plus qu'une ombre, qu'était-ce donc qu'Athènes aux jours de la splendeur de ses monuments, lorsqu'ils brillaient de tout l'éclat que leur donnaient ensemble la pureté des formes, l'élégance et la poésie de leur décoration, sorte d'accords harmonieux que l'on croit entendre et qui laissent l'esprit sous l'empire d'un charme indéfinissable, dont aucun autre peuple n'a, comme les Grecs, possédé les secrets, dont les seuls Egyptiens peut-être eussent été capables, si leur religion moins mystérieuse et moins sombre, si une théocratie moins absolue, et un climat plus tempéré leur eussent fourni de plus douces inspirations. L'heure du départ était sonnée, il nous fallut partir; à sept heures du soir nous reprîmes la route du Pirée. Nous passâmes la nuit dans le port, sur un navire autrichien qui, le lendemain, nous transporta à Kalamaki, situé au fond du golfe Sarronique. Un vaisseau venant de Trieste devait nous prendre de l'autre côté de l'isthme; nous nous embarquâmes donc sur le golfe de Corinthe, au port de Loutraki, village composé de quelques maisons, où l'on voit une petite église grecque, d'un effet pittoresque et des sources chaudes et abondantes, qui, à leur sortie de la base d'un rocher, se jettent aussitôt dans la mer. Nous passâmes successivement en vue du golfe de Crissa dominé par le versant méridional du Parnasse, des rivages élevés de l'Achaïe dont les sommets étaient couverts de neige, de Voltiza bâti sur un plateau qui domine la mer, et dont les habitations, entrecoupées de jardins, se prolongent le long du rivage et donnent à cette ville un riant aspect. Bientôt nous atteignîmes les châteaux de Morée et de Roumeli qui, placés à l'opposite l'un de l'autre, s'avancent dans le golfe et en resserrent l'entrée; puis la ville de Lépante, ancienne Naupacte, où fut, dit-on, construit le premier navire. Enfin nous arrivâmes à Patras, et, seuls des passagers, M. Rey et moi, nous débarquâmes dans cette ville le 9 janvier.

Patras, selon les historiens, remonterait aux temps fabuleux. Eumelus, son fondateur, à qui Triptolème, instruit par Cérès, avait appris à semer le blé, lui donna pour cela le nom d'Aroé. Elle fut agrandie et entourée de murailles par Patreüs, qui lui donna son nom.

L'antique Patræ était bâtie sur la pente du mont que couronne la citadelle. On remarque vers sa base un grand mur revêtu de briques, autrefois battu par la mer qui, en se retirant, a fait place à de vastes jardins. On retrouve encore quelques restes du théâtre, rapporté par Pausanias. Ce monument, situé au sud-ouest de la citadelle, avait échappé aux recherches de Spon et de la Commission scientifique en Morée. Ses ruines étaient enfermées dans des habitations renversées aujourd'hui par l'effet des dernières guerres. Ce théâtre, construit en blocage revêtu de briques, est l'un des plus petits que nous ayons vus. Sa largeur est de cinquante mètres. Il ne reste qu'une partie du mur demi-circulaire, auquel les gradins étaient adossés; le mur de la scène, qui était décoré de niches, et l'arrière-mur des salles, percé d'arcades. Quoique l'hémicycle ne fût point adossé à la montagne, on n'y avait cependant pratiqué aucune ouverture. On entrait sans doute latéralement à la jonction du demi-cercle avec le pulpitum, à l'instar du théâtre de la Villa Hadrienne, auquel celui de Patras peut être comparé, tant pour la grandeur que pour la disposition.

Non loin du théâtre, sur le bord d'un ruisseau, sont les restes d'une construction en briques, formant trois chambres que nous pensons avoir appartenu à des bains; c'est la plus parfaite des constructions en briques que nous ayons vues. La planimétrie des surfaces et le lustre que leur a donné la vitrification de la matière, la finesse des joints, leur régularité et la rectitude des angles donnent à ce travail un mérite égal à celui des ouvrages faits des matières les plus précieuses.

Sur l'emplacement du temple de Cérès a été bâtie l'église de Saint-André. C'est le lieu où cet Apôtre souffrit le martyre, après avoir prêché l'Evangile aux Patréens. On y voit une espèce de frise en marbre qui est, dit-on, un reste de son tombeau.

Auprès de cette église est la fontaine dont les eaux, au temps de Pausanias, avaient une vertu prophétique : on la consultait pour savoir si un malade reviendrait en santé ou s'il mourrait, et aujourd'hui même on tient cette eau pour salutaire contre certaines maladies.

Sur la grande place est un tombeau en marbre dont les faces sont ornées de guirlandes de fruits soutenues par des génies ailés et par des têtes de taureau. Dans la courbure de chaque guirlande est une tête de lion.

Quelques fragments antiques se rencontrent épars dans la ville, et l'on peut remarquer surtout un torse nu d'un beau style et d'une grande proportion, encastré dans le mur de la citadelle ; il nous a semblé provenir d'une statue d'empereur. Ce torse est surmonté d'une tête qui lui est étrangère.

A l'orient de la citadelle sont les ruines d'un aqueduc élevé sur de hautes arcades. Il traverse une vallée où coule le fleuve Amilichus, dont les eaux étaient, chaque année, rougies par le sang des victimes humaines que l'on sacrifiait sur ses bords à Diane Triclaria, ou des trois villes, parce qu'elle était honorée dans les villes d'Aroé, d'Anthée et de Messatis, que bâtirent à frais communs Eumelus et Triptolème.

Quant aux nombreux temples de Patræ, mentionnés par Pausanias, aussi bien que l'Odéon, qu'il dit avoir été le plus riche et le plus beau de ceux de toute la Grèce, après celui qu'Hérode-Atticus fit construire à Athènes, il n'en reste plus aucun vestige.

Patras s'est relevée de ses ruines; la ville nouvelle s'étend le long de la mer, elle est régulièrement percée par des rues droites et larges, quelques-unes sont bordées de portiques sous lesquels sont rangées les boutiques des marchands.

La rade de Patras est souvent agitée, les vents y viennent du golfe de Lépante, et soufflent avec une impétuosité si grande que les navires les plus rapprochés du port en sont violemment tourmentés. C'est le spectacle que nous eûmes pendant tout notre séjour à Patras. Nous attendions un moment favorable pour passer à l'île d'Ithaque, située à l'extrémité occidentale du golfe; le consul de France, M. Bertiny, à qui nous fîmes part de notre projet, nous en dissuadait; la mer était toujours agitée, et, dans la saison où nous étions alors, un moment de calme pouvait être trompeur et se changer tout à coup en quelque orage funeste. Cédant enfin à nos instances, il nous procura un marin expérimenté, qui avait une barque pontée munie de deux voiles; trois des siens et lui devaient composer l'équipage; nous convînmes du prix et nous n'attendîmes plus que l'instant du départ. Il nous sembla venu, la mer paraissait plus tranquille, nous nous embarquâmes le 12 janvier à midi, et les marins nous souhaitèrent un heureux voyage.

XI.

Ithaque.

Peu d'instants s'étaient écoulés, et déjà le vent fraîchissait, déjà, s'engouffrant dans nos voiles, il faisait pencher la barque dont l'un des bords était à fleur des vagues. Nous descendîmes sous le pont, et avec nous un Ithacien qui venait, après une longue absence, revoir sa patrie. Nos marins, luttant contre l'orage, dirigèrent vers Missolonghi, cherchant un abri dans l'anse que forment les deux caps de Skrophes et de Kenourio. Missolonghi nous apparaissait encore à six milles de distance, sur une plage basse, adossée aux montagnes élevées de l'Etolie. Ils jetèrent l'ancre, on serra les voiles, un petit cierge fut allumé devant l'image protectrice de la Vierge, et l'on se livra au repos. Mais le vent continuant à souffler avec violence, les matelots reposaient à demi-éveillés, lorsque tout à coup un bruit sourd et continu se fait entendre ; le capitaine prête l'oreille, s'élance sur le pont avec la rapidité du chevreuil, tous en font autant; notre barque chassait sur son ancre, ils se hâtent de lancer tous les agrès qui pouvaient la retenir; un instant plus tard, nous étions jetés dans la haute mer; grâce à cette prompte manœuvre, nous échappâmes à ce danger; mais il nous fallut demeurer sous le même vent pendant toute la journée suivante et une partie de la nuit. Enfin, sur les trois heures du matin, le vent se calma et nous remîmes à la voile. A sept heures, nous aperçûmes Leucade, Zante, Céphalonie, dont les montagnes étaient couvertes de neige, et Ithaque. A onze heures, nous entrâmes dans le port Molo, qui sépare l'île d'Ithaque en deux parties : au sud, est le mont Neïus; au nord, le mont Nérite.

Au sud du port Molo est l'embouchure du port Vathy, au fond duquel est la ville de ce nom, capitale de l'île; c'est là que nous abordâmes. Dans ce moment la pluie tombait avec force; la modeste cabane des employés de la santé nous servit d'abri, et nous acceptâmes le café qu'ils nous offrirent. Il n'y a point d'hôtellerie à Ithaque; un jeune Ithacien, nommé Dionisio, nous offrit son toit hospitalier qu'habitaient aussi sa sœur et sa mère, et nous fournit avec une politesse empressée tout ce qui pouvait nous être nécessaire.

Le voyageur qu'une ardente curiosité conduit dans cette île, n'est préoccupé que d'une seule pensée ; il interroge tout ce qui s'offre à ses regards, les rivages de la mer, les monts, les antres des rochers, partout il lui semble qu'il va découvrir l'empreinte des pas d'Ulysse. Nous prîmes un guide et nous nous acheminâmes vers la fontaine Aréthuse ; il nous fallut suivre des sentiers étroits pratiqués dans le roc, et nous arrivâmes au pied du mont Korax. Là s'offre aux regards une enceinte élevée, où règnent la fraîcheur et l'ombre, une abondante végétation tapisse les rochers auxquels des arbres sont suspendus ; dans le fond est un antre qui recèle une eau limpide et glacée, intarissable ; c'est la fontaine Aréthuse. En s'échappant par dessus les bords qui la retiennent, cette eau forme un ruisseau où vont se désaltérer les troupeaux de chèvres qui paissent à l'entour, tandis que du haut du Korax, un torrent formé par les eaux du ciel tombe en cascade, se réunit au ruisseau d'Aréthuse et se précipite avec lui, de rochers en rochers, jusque dans le lit qu'ils ont creusé ; puis, ayant suivi une courte plage au travers des blocs arrondis par leur passage, ils se jettent ensemble à la mer.

C'est sur ces rochers, c'est autour de cet antre qu'Eumée faisait paître ses porcs ; c'est là qu'il fut abordé par Ulysse qu'il ne put reconnaître sous les haillons dont il était revêtu.

Après avoir fait plusieurs vues de ces lieux où la nature, grande et sauvage, se montre au voyageur entourée du prestige des noms d'Homère et d'Ulysse, nous reprîmes les sentiers qui devaient nous ramener à Vathy.

A l'extrémité du port Molo est un isthme de peu de largeur, du milieu de cet isthme s'élève le mont Aïto au haut duquel on aperçoit les ruines d'une acropole; à sa base, près d'une petite chapelle, est une source abondante, c'était la fontaine des Nymphes; on y voyait leur autel, où sacrifiaient tous les voyageurs, et où venaient puiser les habitants de la ville d'Ithaque; elle était renfermée dans un puits, ouvrage de trois frères : Ithacus, Nérycte et Polyctor.

Ce fut là que Mélanthius, qui emmenait à la ville les chèvres les plus grasses pour la table des prétendants, adressa à Ulysse des paroles outrageantes; c'est de là qu'Ulysse et Eumée, continuant lentement leur route, se dirigèrent vers le palais.

Nous gravîmes ce mont, qui n'est qu'un rocher, et nous parvînmes à une première enceinte de murs cyclopéens, interrompue de distance en distance par l'éboulement des blocs. Un long mur de construction pareille suit la pente méridionale depuis le sommet jusqu'à la base en regard du Néïus, et se termine non loin de la fontaine des Nymphes du côté du port Molo. Ce mur servait sans doute à renfermer la ville qui devait s'étendre jusque dans l'étroite vallée qui sépare entre eux les monts Néïus et Aïto. Une deuxième enceinte est placée au sommet et entoure le plateau sur lequel était construit le palais d'Ulysse. Ces murs, formés de polygones irréguliers, appartiennent à la première époque cyclopéenne; les blocs laissent entre eux des interstices plus grands et d'un parallelisme moins parfait que dans les ouvrages de la deuxième époque.

La forme de ce plateau est celle d'une ellipse plus large à son extrémité méridionale qu'à celle qui est opposée; sa plus grande longueur est de cinquante-trois mètres, sa largeur est de trente-et-un mètres. Deux citernes s'y voient encore, l'une circulaire, étroite et peu profonde; l'autre, vaste, profonde et irrégulière; elle est tapissée à l'intérieur d'un enduit qui a résisté au temps.

C'est donc ici, me disais-je, qu'habitèrent Ulysse, Pénélope et Télémaque; je m'efforçais de retracer la cour entourée de colonnes, et de marquer la place où était l'autel de Jupiter Herchius ou protecteur des Enclos; le Tholus où l'on enfermait les objets précieux, et cette salle qui retentissait des bruyants festins des prétendants. Les dépendances étaient peut-être situées dans l'espace inférieur, compris entre la première et la deuxième enceinte; de toute cette royale demeure il ne reste rien ; d'épais arbustes et des ronces couvrent le sol sur lequel on vient en chercher les traces. Mais, après une période de plus de trois mille ans, n'est-ce point assez que de retrouver les murs qui l'entouraient? et que reste-t-il du palais des Atrides, à Mycènes, à Argos? rien que les ouvrages aussi indestructibles que les rochers, et qui pouvaient défier le temps.

Pour parvenir à la sommité du mont Aïto, il n'y a aucune voie praticable; il faut escalader les blocs et en suivre péniblement les anfractuosités. Les maisons devaient y être comme suspendues les unes au-dessus des autres et donner à la ville d'Ithaque un aspect que Cicéron a dépeint en la comparant à un nid sur des rochers. Cette position et cet aspect se retrouvent encore aujourd'hui dans la ville haute de Syra. Plusieurs voyageurs qui ont visité l'île d'Ithaque, l'*Odyssée* à la main, se sont efforcés de retrouver les lieux dont parle Homère et nous en ont fait la description. Mais ils diffèrent entre eux et ne sont pas même d'accord sur les noms des divers ports et des monts. L'un d'eux, Lechevalier, dans son *Voyage de la Troade*, fait dans les années 1785 et

1786, dit, en parlant d'Ithaque : « Vous voyez ces deux rochers qui s'avancent dans la mer et qui semblent avoir été arrachés de ces rivages pour former aux vaisseaux un abri contre la tempête ; c'est là, qu'est le port consacré au dieu Phorcys, aujourd'hui port Vathy. On trouve dans le voisinage la grotte sacrée où Ulysse offrit tant de fois des victimes aux Naïades, et où, par le conseil de Minerve, il déposa l'or, l'airain et les vêtements qu'il avait reçus des Phéaciens. Cette chaîne de montagnes couvertes d'oliviers, qui forme l'enceinte du port, est le le mont Nérite. Le village qui est situé sur la pente et dont les maisons descendent jusqu'au rivage de la mer, est bâti sur les ruines de l'ancienne capitale du royaume de Laërte, elle porte le nom de Vathy. Vous apercevez un autre port moins profond, séparé du port Phorcys par un promontoire, c'est le Rheithron, aujourd'hui port Schinosa, qui est ombragé par le mont Née, et où Minerve feint d'avoir laissé son vaisseau loin de la ville d'Ithaque. »

Un auteur allemand, Kruse, a écrit sur Ithaque d'après Gell et Godisson, il diffère avec Lechevalier sur les noms des lieux. « Le port Phorcys, dit-il, est sans doute le grand port actuellement nommé port Molo, dans lequel la mer est presque tout-à-fait calme, quand même le canal vers la rive acarnanienne est très agité. Quant au Rheithron, il ne peut être que celui qui, du grand port Molo actuel, s'étend près de Vathy, au dessous du Neion.

« La grotte des Nymphes se trouve sur la route de Vathy, après les ruines de la vieille capitale, sur la baye de Dexia, qui a un rivage sablonneux comme le décrit Homère, où fut débarqué Ulysse. » Telles sont leurs désignations diverses.

Quant au palais, l'un et l'autre auteur le placent sur leur carte au sommet de l'Aïto ; mais la vue qu'en donne Lechevalier manque de fidélité. Ce voyageur n'était point descendu à Ithaque, il en a suivi la côte qui regarde l'Acarnanie et la côte méridionale, en doublant le mont Korax ; il ne fait que rapporter le récit d'un officier du vaisseau qu'il montait. Nous nous rangeons volontiers à l'avis de l'auteur allemand sur la désignation des lieux, tant pour le port de Phorcys que pour le port Rheithron, situé, suivant Homère, au pied du Néïus, ombragé de forêts, et, en effet, il en est entouré.

La ville d'Ithaque ne pouvait être à l'endroit de la ville actuelle de Vathy, fort éloignée du palais d'Ulysse ; car, au XVe Chant, Ulysse, s'adressant à Euméc et à ses compagnons, leur dit : « Demain, dès l'aurore, je desire aller mendier par la ville.... J'irai dans le palais d'Ulysse et porterai de ses

1786, dit, en parlant d'Ithaque : « Vous voyez ces deux rochers qui s'avancent dans la mer et qui semblent avoir été arrachés de ces rivages pour former aux vaisseaux un abri contre la tempête ; c'est là, qu'est le port consacré au dieu Phorcys, aujourd'hui port Vathy. On trouve dans le voisinage la grotte sacrée où Ulysse offrit tant de fois des victimes aux Naïades, et où, par le conseil de Minerve, il déposa l'or, l'airain et les vêtements qu'il avait reçus des Phéaciens. Cette chaîne de montagnes couvertes d'oliviers, qui forme l'enceinte du port, est le le mont Nérite. Le village qui est situé sur la pente et dont les maisons descendent jusqu'au rivage de la mer, est bâti sur les ruines de l'ancienne capitale du royaume de Laërte, elle porte le nom de Vathy. Vous apercevez un autre port moins profond, séparé du port Phorcys par un promontoire ; c'est le Rheithron, aujourd'hui port Schinosa, qui est ombragé par le mont Née, et où Minerve feint d'avoir laissé son vaisseau loin de la ville d'Ithaque. »

Un auteur allemand, Kruse, a écrit sur Ithaque d'après Gell et Godisson, il diffère avec Lechevalier sur les noms des lieux. « Le port Phorcys, dit-il, est sans doute le grand port actuellement nommé port Molo, dans lequel la mer est presque tout-à-fait calme, quand même le canal vers la rive acarnanienne est très agité. Quant au Rheithron, il ne peut être que celui qui, du grand port Molo actuel, s'étend près de Vathy, au dessous du Neion.

« La grotte des Nymphes se trouve sur la route de Vathy, après les ruines de la vieille capitale, sur la baye de Dexia, qui a un rivage sablonneux comme le décrit Homère, où fut débarqué Ulysse. » Telles sont leurs désignations diverses.

Quant au palais, l'un et l'autre auteur le placent sur leur carte au sommet de l'Aïto ; mais la vue qu'en donne Lechevalier manque de fidélité. Ce voyageur n'était point descendu à Ithaque, il en a suivi la côte qui regarde l'Acarnanie et la côte méridionale, en doublant le mont Korax ; il ne fait que rapporter le récit d'un officier du vaisseau qu'il montait. Nous nous rangeons volontiers à l'avis de l'auteur allemand sur la désignation des lieux, tant pour le port de Phorcys que pour le port Rheithron, situé, suivant Homère, au pied du Nëius, ombragé de forêts, et, en effet, il en est entouré.

La ville d'Ithaque ne pouvait être à l'endroit de la ville actuelle de Vathy, fort éloignée du palais d'Ulysse ; car, au XVe Chant, Ulysse, s'adressant à Eumée et à ses compagnons, leur dit : « Demain, dès l'aurore, je desire aller mendier par la ville.... J'irai dans le palais d'Ulysse et porterai de ses nouvelles à la sage Pénélope. » Le palais et la ville étaient contigus, puisque une porte secrète, située près du seuil élevé de la salle superbe, donnait une sortie dans la rue. « O mes amis, dit Agelaüs, n'est-il donc aucun de vous qui franchisse la porte secrète pour avertir le peuple, et, qu'aussitôt s'élève une grande clameur ? »

Si la ville d'Ithaque eût été située à l'extrémité du port Vathy, avant que l'un des prétendants eût pu avertir le peuple, ils auraient tous été immolés. Enfin, la ville s'étendait jusque dans la vallée que le Néïus domine; ainsi Télémaque, parlant à Nestor, avait raison de dire : « Nous arrivons de la ville d'Ithaque, située au pied du mont Néïus.

Lechevalier, dans sa carte de l'île d'Ithaque, place le mont Nérite et le mont Neïus sur la moitié méridionale de l'île, et l'autre moitié plus étendue, plus élevée, ne porte aucune dénomination. Mais la carte de Gell, de 1827, et la carte générale de la Grèce, de 1838, placent le mont Nérite dans la moitié septentrionale de l'île, et c'est sous ce nom que les Ithaciens le désignent encore.

Le savant traducteur des œuvres d'Homère, Dugas-Montbel, dans ses observations sur l'*Odyssée* dit : « Vraisemblablement le Néïus était la partie inférieure du Néritus, l'endroit où l'on attachait les vaisseaux, et c'est de là même que son nom était dérivé. » La vue des lieux n'admet point cette explication qui confond le Nérite et le Néïus; et ne fait de ce dernier qu'un rivage. Tandis que ce sont deux monts séparés par le port Phorcys, l'un au midi, l'autre au nord; et que l'un et l'autre, selon Homère, étaient ombragés de forêts.

Près du port de Phorcys, dit Homère, était un antre agréable et profond, retraite sacrée des Nymphes qui sont appelées Naïades. « C'est dans cet antre, qu'Ulysse, par le conseil de Minerve, porte les richesses, l'or, l'airain solide, et les superbes vêtements que lui donnèrent les Phéaciens. Minerve s'est empressée d'y chercher un réduit caché; Ulysse y dépose ses trésors, puis la Déesse place une pierre devant l'entrée.

Nous cherchâmes cette grotte au lieu indiqué par la carte de Gell; mais nos efforts furent vains. « Elle est, dit-il, à l'entrée nord de la baie de Dexia, elle a soixante pieds de long sur trente pieds de large, mais elle a perdu son toit, le rocher a été employé à la construction de la ville de Vathy; maintenant elle est en partie remplie de pierres qui sont tombées. » Cet antre, s'il a jamais existé dans cet endroit, a donc perdu tout l'aspect qu'il avait au temps d'Homère, et le voyageur passe auprès, sans le reconnaître.

Mais, à peu de distance de la baie de Dexia, il existe une grotte à laquelle les Ithaciens donnent le nom d'Aphrodite. Nos guides nous y conduisirent; après avoir longtemps gravi par des sentiers difficiles, nous arrivâmes à une ouverture naturelle du rocher, de cinquante centimètres de largeur, sur un mètre quatre-vingts centimètres de hauteur ; elle donne entrée à un antre profond. Munis de lampes, nous y pénétrâmes; sa longueur du nord au sud est de vingt mètres, sa largeur est d'environ douze mètres; sa hauteur très inégale varie de six à douze mètres. Toutes les parois sont couvertes de stalactites, dont plusieurs descendent en forme de colonnes, depuis la voûte jusque sur le sol. Son extrémité méridionale se relève à une grande hauteur, la lumière des flambeaux peut à peine en percer l'obscurité. Le jeu de la lumière et des ombres produit par ces mille formes diverses, en augmente l'étendue, et donne à ses aspects quelque chose de fantastique qui inquiète et qui pourtant séduit. Ne serait-ce point là la grotte des Nymphes dont parle Homère, plutôt que celle devenue méconnaissable, que Gell dit exister près de la baie de Dexia ? Celle-ci n'était pas plus vaste que la grotte d'Aphrodite, et ses aspects intérieurs ne pouvaient être plus dignes de la mention d'Homère.

Une eau limpide y a coulé; partout on en voit

les traces. L'ouverture par laquelle nous y pénétrâmes était sans doute *l'entrée destinée aux hommes*; elle regarde en effet Borée; l'antre, en face du Notus, et qui était *le chemin des dieux*, n'a peut-être existé que dans l'imagination du poète. On voit seulement une masse isolée de stalactites qui s'abaisse du haut de la voûte obscure et cache derrière elle un espace mystérieux. Là, sans doute, était *l'entrée que les mortels ne franchissent jamais*. Enfin, dans cette grotte, il existe des *réduits cachés,* tels qu'en cherchait Minerve. La Déesse plaça une pierre devant l'entrée. On se rappelle que l'ouverture de la grotte d'Aphrodite a un mètre quatre-vingts centimètres de hauteur, sur cinquante centimètres de largeur. Cette grandeur donne encore à ce passage du poème tout le mérite de la vraisemblance. Quant à la position de cet antre, on doit entendre par επι πρατος λιμενος *le sommet du rivage*; ce qui est plus littéral que de traduire par *l'extrémité du port* et convient mieux à l'action du poème. En effet, d'après la topographie du port de Phorcys, si la grotte eût existé à l'extrémité du port elle eût été près de la ville, dans la ville elle-même. En lisant au *sommet du rivage,* sa position peut coïncider avec celle de la grotte d'Aphrodite.

Ulysse était encore loin de la ville, et, de là,

en suivant le flanc septentrional du mont Néïus, il pouvait se diriger vers le rocher du Corbeau, à la demeure d'Eumée où Minerve lui conseilla de se rendre pour s'informer de tout, avant de se montrer dans son palais aux yeux des prétendants.

L'île d'Ithaque, comme la décrite Homère, n'a point de plaines étendues, partout elle est montueuse, et la plupart de ses rives sont escarpées. Tout le terrain que les habitants disputent aux rochers, est fertile; et la vigne y produit ce raisin estimé, dont le grain est fort petit et qu'on nomme raisin de Corinthe. Les oliviers, les lauriers et tous les arbres qui conservent leur verdure y donnent à l'hiver l'aspect de l'été.

Un vaisseau venant d'Athènes devait bientôt passer à Patras; nous dûmes nous préparer au départ, nous allâmes prendre congé du consul de France, M. Drakolis. Il nous témoigna du plaisir à voir des Français; M. Rey et moi étions alors dans cette île les seuls de notre nation.

Le 18 janvier, le vent étant favorable, nous remontâmes sur notre barque et nous mîmes à la voile à onze heures du matin, nous saluâmes ces bords que les chants d'Homère ont à jamais rendus célèbres, et nous nous dirigeâmes vers Patras.

XII.

Leucade, Corfou, Ancône, Levêne, Otriculum, Rome. — Retour à Lyon par Livourne et Marseille.

Nous passâmes la nuit suivante sur le golfe. Au point du jour nous étions en face du promontoire Papa; le vent cessa tout-à-coup, et les marins ayant pris la rame s'épuisaient en efforts inutiles. Un vent contraire débouchant par le golfe de Corinthe survint et s'opposait à notre entrée dans le port de Patras; après avoir lutté longtemps et couru de nombreuses bordées, du sud au nord, nous parvînmes à prendre terre.

Nous attendîmes jusqu'au 24 l'arrivée du vaisseau qui devait nous porter à Ancône; nous fîmes nos adieux à notre consul, et, dans l'après-midi de ce jour, nous montâmes sur le navire autrichien, le *Metternich*. Après avoir fait quelques milles, la violence du vent et surtout le danger de passer durant la nuit par un gros temps au travers des îles ioniennes, déterminèrent le capitaine à rentrer dans le port. Nous en repartîmes le lendemain, à cinq heures du matin.

Nous suivîmes le rivage occidental de l'île Ste-Maure; dans toute son étendue, elle est escarpée, nulle part l'abordage n'est possible ; vous voyez, nous dit un passager de l'île de Corfou, ce pic élevé perpendiculairement sur la mer : c'est le saut de Leucade; on ne saurait s'étonner en le voyant, que presque tous ceux qui l'ont essayé espérant y trouver un remède contre les tourments de l'amour, n'y aient trouvé que la mort! Bientôt après, nous découvrîmes l'île de Corfou, et, sur les onze heures du soir, nous jetâmes l'ancre dans ce port. Aux premiers rayons du jour, nous jouîmes de l'aspect pittoresque de ses clochers, de ses tours et de ses maisons placées en amphithéâtre.

Le bassin forme une anse dont l'ouverture est défendue par une petite île sur laquelle on a construit un fort, d'où l'on peut à la fois battre la ville et en défendre l'approche.

Notre vaisseau devait stationner pendant quelques heures, nous nous hâtâmes de descendre à terre.

L'île de Corfou est la plus considérable des îles ioniennes. Nommée Skeria au temps d'Homère, elle prit ensuite le nom de Phéacia, puis celui de Corcyre, fille d'Asope, qui y bâtit une ville, et enfin le nom de Corfi ou Corfou.

Cette île, grande, fertile, placée à l'embouchure de la mer Adriatique, dont elle peut à sa volonté fermer l'entrée, a de tout temps excité l'envie des peuples qui habitent les rivages de la Méditerranée. Les Illyriens, les Romains, puis les rois de Naples et la république de Venise en furent successivement les maîtres, les Français la possédèrent, et maintenant elle est soumise à un peuple étranger à ces mers, qui partout y fatigue les regards de sa présence importune.

Le sol de la ville est pentif et les rues sont irrégulièrement tracées; toutefois, les principales sont larges, et l'on y trouve fréquemment des portiques en arcades.

La grande place est remarquable par son étendue, par ses aspects sur le port et par ses édifices. Elle est ornée d'une plantation qui, sur trois de ses côtés, forme de vastes allées. A la face orientale est le palais du gouvernement.

Cet édifice, d'une belle ordonnance, est d'une architecture romaine, dont le style rappelle celle du siècle de Louis XIV. Il se compose d'un très grand corps principal terminé, à chaque extrémité, par une arcade ouverte sur la mer. Au devant de cette façade est une statue, en bronze, du général Schoulembourg, qui, sous le règne d'Achmet III, défendit glorieusement la place de Corfou contre les Musulmans.

A l'extrémité opposée de cette place est un temple circulaire d'ordre ionique, dans la forme de celui de Vesta à Tivoli. Une inscription grecque, placée dans la frise, indique que ce monument a été construit par les Corfiotes, en l'honneur de la Grande-Bretagne. Cette place est encore ornée d'un obélisque construit par assises ; il ne porte aucune inscription.

Un des édifices les plus remarquables qui se voient dans le centre de la ville, est le marché. C'est une cour quadrangulaire entourée d'un péristyle d'ordre dorique grec.

Au milieu est un monoptère couvert d'une coupole. Il est composé des deux ordres dorique et ionique superposés, et de son centre s'élève une eau jaillissante. Le mur extérieur est orné de pilastres, et des portes y sont distribuées pour le service des marchands.

Dans cet édifice, destiné à un usage vulgaire, l'art n'a point dédaigné de se montrer, lorsque dans nos halles et dans tous les établissements fréquentés par la multitude, on semble s'efforcer de l'exclure ; c'est pourtant par de tels intermédiaires que le sentiment du beau peut s'insinuer dans toutes les classes, et faire enfin sentir en toute chose son heureuse influence.

Nous montâmes sur le lieu le plus élevé de la ville, cherchant de tous nos regards les jardins d'Alcinoüs.

Le lieu qu'ils occupaient se nomme aujourd'hui Chrysida, c'est une belle et fertile vallée, située au nord de la ville, et adossée à des montagnes également fertiles, qui la mettent à l'abri des vents du nord.

Dans cette vallée coule un fleuve qui se rend à la mer, en face du Lazaret ; c'est vers l'embouchure de ce fleuve qu'Ulysse fut jeté par les vagues. Près de là étaient les larges lavoirs où la belle Nausicaa fut rencontrée par ce héros infortuné qu'elle conduisit jusqu'au palais de son père.

Paléopolis, où la ville ancienne était située sur une presqu'île, au sud de la ville nouvelle ; son ancien port dans lequel les navires trouvaient un abri commode n'a plus de fond que pour les barques. L'entrée en est étroite, au devant est l'écueil de St-Salvador ; est-ce là le vaisseau phéacien transformé en rocher, à son retour d'Ithaque, par Neptune irrité? Si c'est lui, sa forme de navire n'est qu'une fiction.

Nous regrettâmes de ne pouvoir prolonger davantage notre séjour dans cette île qui, après Malte, offre les plus beaux tableaux. Mais le vaisseau était prêt à lever l'ancre, il fallut nous y rendre, on mit à la voile et nous sortîmes du canal par son embouchure septentrionale en vue de Buthrote, située sur les confins de l'Epire et de l'Albanie. C'étaient là, pour nous, les limites de la Grèce vers laquelle nos regards se tournaient encore.

Pendant la nuit et le jour suivant, les vents du nord nous forcèrent de longer les côtes de la Dalmatie, puis ayant pris le vent favorable à la hauteur de Pola, nous abordâmes à Ancône, le 29 janvier, à six heures du matin, remerciant Dieu de nous avoir fait heureusement toucher à ce port, que nous pensions devoir être le dernier que nous verrions dans ce voyage, voulant désormais aller par terre jusque dans nos foyers.

Les temps antiques et le moyen-âge ont laissé à Ancône deux beaux souvenirs, l'arc de triomphe de Trajan et la cathédrale. On s'aperçoit aussi à la grandeur des proportions architecturales de ses autres édifices que l'on entre dans les Etats romains.

Ayant le projet de visiter Rome, nous entreprîmes la traversée de l'Apennin. A Colfiorito, le point le plus élevé de cette route, la neige tombait en abondance, nous nous hâtames ; quelques instants plus tard, le passage était intercepté.

Nous vîmes, à Levène, le joli temple de Clitumne, formé d'antiques débris réunis dans d'heureuses proportions, et destiné dès les premiers siècles de l'Eglise à un temple chrétien, dont le symbole occupe le fronton. Nous traversâmes les sites pittoresques de Narvi, de Nepi; puis, ayant quitté la voie habituelle, nous allâmes visiter les ruines de l'antique Otriculum, enfin, nous atteignîmes Bacano, où roule le Tibre, et la Storta, d'où nous saluâmes le dôme de St-Pierre. Déjà nous pouvions distinguer les Villa à leurs pins élégants, et, le 7 février, nous entrâmes dans Rome.

Après vingt-cinq années, je revoyais cette ville, qu'à leur entrée dans la carrière tous les artistes desirent ardemment de voir. Mais mes premières impressions furent pénibles; ce n'était plus Rome telle que je l'avais laissée, je n'y trouvais plus le calme si favorable à l'étude, mais le bruit de la multitude remplissant les rues, le luxe des équipages, le costume et les modes de nos cités. Rome semble être devenue la ville de tous les peuples, qui de tous les coins de l'Europe s'y donnent rendez-vous. Je fuyais cette foule pour aller chercher mes sensations du jeune âge, autour des anciens monuments, auprès de ces ruines que j'avais explorées autrefois, et qui parlaient si haut à mon imagination.

Un triste évènement ne nous permit pas de demeurer longtemps à Rome ; à notre arrivée, M. Rey reçut des nouvelles alarmantes de la santé de sa femme. Troublé par d'affreux pressentiments, il voulait partir aussitôt ; mais nos passeports étaient déposés, il fallait les faire viser par les consuls des Etats que nous avions à traverser. Toutefois, afin d'éviter la lenteur des formalités, il me vint dans la pensée de recourir à notre ambassadeur, je me présentai chez lui. M. l'ambassadeur, me dit-on, ne reçoit qu'à midi ; je fais de vaines instances pour le voir plus tôt, alléguant des motifs pressants. Je n'obtins d'un valet, fidèle sans doute aux ordres de son maître, que cette réponse impitoyable : Monsieur l'ambasseur ne reçoit qu'à midi. Je trouvai plus d'accueil chez les autorités étrangères, et renonçai à la protection d'un ministre, payé cependant par mon pays, pour s'empresser de l'offrir à des Français qui la réclament.

Nous prîmes la route de Florence, d'où nous avions dessein de regagner la France par Milan et les Alpes, mais nous étions au cœur de l'hiver et nous pouvions être retardés dans ce passage ; il nous fallut aller à Livourne, et nous embarquer pour la vingt-deuxième fois.

Le 20 février, nous montâmes sur le *Sésostris*, venant de Malte ; la mer était grosse, bientôt elle devint affreuse, et, durant la nuit qui suivit ce jour, nous faillîmes trouver dans le golfe de Gênes le terme de notre voyage. Un horrible coup de mer se fait entendre sur le pont, aussitôt l'eau tombe dans les chambres par torrent. Elle coule à flots. Ceux qui étaient couchés se lèvent avec précipitation, leurs lits étaient inondés ; l'effroi se peignait sur tous les visages, et nous passâmes la nuit dans une cruelle anxiété. A la naissance du jour, le vent baissa, la mer devint calme, et nous entrâmes dans le port de Marseille, le 22 février, à sept heures du matin. Nous partîmes immédiatement pour Lyon, où nous arrivâmes le 24.

Après six mois d'absence, je retrouvais les douceurs du foyer domestique, mais les pressentiments de M. Rey se réalisèrent ; quatorze jours après notre arrivée, la femme de mon ami n'existait plus.

FIN.

TABLE DES MATIÈRES.

Chapitre Ier. — Départ pour la Grèce. — Malte. — Arrivée à Athènes. — Voyage de Tyrinthe, Mycènes, Argos, Eleusis. — Le mont Pentélique, Thoricos. — Sunium. — Révolution de la Grèce. 1

Chap. II. — Voyage au nord de la Grèce. — Thèbes. — Lebadée. — L'antre de Trophonius. — Chéronée. — Delphes. — Le Parnasse. — Aracova. — Les Thermopyles. — Lamia. — Chalcis. — Le port d'Aulide. — Retour à Athènes. 21

Chap. III. — Voyage de Corinthe par Epidaure, Egine, Epidaure, Hiéro, Angello-Castro. — Couvent de Phanéromène. — Corinthe. — Isthme de Corinthe. — Retour à Athènes. 40

Chap. IV. — Départ pour Constantinople. — Chio. — Sestos et Abydos. — Lampsaque. — Constantinople. 53

Chap. V. — Départ de Constantinople. — Les Dardanelles. — Halil-Eli Tymbré. — Tchiblack. — La plaine de Troie-Kemalli. — Alexandria Troas. — Erkessighi. — Sigéo. 65

Chap. VI. — Départ des Dardanelles. — Ephèse. — Smyrne. . 83

Chap. VII. — Départ pour l'Egypte. — Alexandrie. — Le Kaire. 91

Chap. VIII. — Pyramides de Gyzeh. 109

Chap. IX. — Hypogées, Pyramides de Saccarah. 125

Chap. X. — Mataryeh, Heliopolis, Syra, Loutraki, Naupacté, Patras. 137

Chap. XI. — Ithaque 151

Chap. XII. — Leucade, Corfou, Ancône, Levène, Otriculum, Rome. — Retour à Lyon par Livourne et Marseille. . . . 165

FIN DE LA TABLE.

Les dessins recueillis dans ce Voyage seront publiés dans le format in-f°, avec un texte descriptif des lieux et des monuments les plus remarquables, cités dans la relation qui précède.

L'ouvrage contiendra au plus quarante livraisons de quatre planches chacune, gravées sur cuivre.

Un prospectus ultérieur indiquera le prix de l'ouvrage et l'époque de sa publication.

www.ingramcontent.com/pod-product-compliance
Lightning Source LLC
Chambersburg PA
CBHW060516090426
42735CB00011B/2248